歴史文化ライブラリー

195

乳母の力

歴史を支えた女たち

田端泰子

吉川弘文館

目次

乳母の中世史――プロローグ

「道具」としての女性観

中世武家社会では血縁による結びつきが大きな意味を持ち、親族の結束が固いことはよく知られている。しかし、親族だけでなく、婚姻によって結びついた姻族《いんぞく》との繫《つな》がりも緊密であり、婚姻による結束を特に重視し、しかもその結合形態を何代も続けることを「重縁《じゅうえん》」の形成として重視した、毛利元就《もうりもとなり》のような武将もいた。戦国時代は政略結婚の時代であり、政略のために「駒」のように動かされる悲劇の女性たち、というかつての常識（「道具」としての女性観）は、こうした事実が明らかになるにつれて、くつがえされつつある。

親族や姻族の繫がりとは別の結合形態がさまざまに存在したのが、中世の武家社会の一特徴である。養子・養女はもちろん、烏帽子親子《えぼしおやこ》や乳母《うば》・乳父《めのと》、乳兄弟姉妹《ちきょうだいしまい》、それに「相舅《あいやけ》」、師匠と弟子の関係などである。相舅とは一組の夫婦の親同士の関係をいう。これらは擬制的《ぎせいてき》親族関係であるが、中世の人々にとっては、親族や姻族関係と同じくらい大切なものであった。

こうした中世の人々が大切に思ってきた諸関係のうち、特に女性に関わりの深いのが乳母・乳父である。本書では中世における乳母の実態をできるだけ広く検討し、乳母という存在は中世人にとってどのようなものであったのか、つまり中世人の乳母観についても論じてみたい。

中世史と女性史

「中世の乳母」を論じる場合、まず初めに「中世」という時期をいつからいつまでと考えるのか、という時代確定から始めなければならないと思う。政治史上は中世の始期を鎌倉期に置いたり、それより遡《さかのぼ》らせて院政期に置くことが多い。武士が登場して政権に組み込まれるのが院政期以後であるからである。一方、社会経済史においては、中世を通じて社会体制の骨格を形づくった荘園制が登場するのは平安時代であることから、平安期を始期とする考え方がある。武士としての在地領主は古代の郡司《ぐんじ》、郷司《ごうじ》職を務め、開発に努力したものが多かった、という点もその説の根拠になっている。また社会経済史では中世の終わりを、荘園制を最終的に破壊したのが、豊臣秀《とよとみひで》吉《よし》の「太閤検地《たいこうけんち》」であったとする見方が有力である。

これらの通説に対して、女性史では、政権の所在を第一の時代区分の指標と考える政治史のような時期区分を採らず、階層区分をまず行い、各階層の生活や政治上の地位、役割を分析することを重視する。したがって、「鎌倉時代」という武家政権の時代においても、公家や庶民の生活実態を明らかにし、各階層の相互関係の上にいわゆる「鎌倉時代」が成り立っているのだ、と理解し、その中で、女性や子供、老人のあり方に注目することで、全体としての中世像を明らかにしていくという方法を採る。したがって、本書においても、分析対象は女性に留まらず、その夫や親、男女の子供、壮年期を過ぎた男女の老人にまで目配りをして論じていきたい。

平安時代の乳母

平安時代の乳母について先駆的な論文を書いたのは西岡虎之助《にしおかとらのすけ》氏である。氏の『日本女性史考』中の「平安時代における乳母の研究」は、鹿野政直《かのまさなお》氏の解説によると一九二三年に書かれたものであるという。戦前にこのような女性史のすぐれた実証的研究が成されていたことに驚かされる。この論考を皮切りに、西岡氏の女性史に関する論文は毎年のように公にされ、やがて戦後の一九五六年に新評論社から『日本女性史考』として出版された。一九二三年以後は民衆の中でも特に女性を究明することに、西岡氏の関心は集中していたことがわかる。

この論文の中で西岡氏は乳母に求められた能力は、「ざえ」という漢学的能力ではなく、「やまと心」という現実的・実際的能力や、養君《やしないぎみ》に対する心づくしであったこと、貴族社会では乳母の選択を重視し、父母と養君の関係は間接であるのに対して、乳母と養君の関係はどこまでも直接であると述べている。次に武士社会の乳母はこれに比較して、乳母の家は養君の家より地位・身分の低いのが普通であり、いきおい主従関係に似たものを発生させなければやまないとし、公家の乳母が養君に対して与える教養は、文学・音楽などの「形式的方面」にとどまったのにひきかえ、武家の場合は「精神的陶冶《とうや》」にあずかって力があった、と述べている。

西岡氏の研究は戦前になされたものであるにもかかわらず、曇りのない目で史料に当たり、史料をして語らせる、という歴史学の実証的方法が採用されている点で、時代を越えて基礎的研究としての光彩を放っていると考える。平安期の乳母と鎌倉期の乳母の違いは、論文で用いられた史料を読み進む限りでは異論はない。しかし、西岡氏の用いられた史料が、平安期は文学作品や起請文《きしょうもん》、鎌倉期は『吾妻鏡《あずまかがみ》』や『奥州後三年記《おうしゅうごさんねんき》』などの記録や合戦記であることには注意しなければならないだろう。主たる史料の描く世界が異なっている点には疑問がある。文学や音楽を養君に教えたり専門家に依頼して教えさせたりしたことを、「形式的方面」と規定し、鎌倉期の乳母の役割をそれと区別して「精神的陶冶」と言い切っていることにも、疑問は残る。したがって本書では、公家の乳母においても出来るだけ日記・記録類を史料として使用しつつ論じ、公家・武家の乳母の役割に違いがあったのかなかったのか、その共通点と相違点について考えてみたい。

乳父について

橋本義彦氏は「乳父《めのと》管見」という論文を著し（『平安貴族社会の研究』吉川弘文館、一九七六年）、乳母の夫について論じている。「乳父」は本来乳母の夫を指す言葉であったが、宮中では「御乳父」が一つの地位と化し、乳母とは関係なく「准ミウチ」的立場で養君を後見する地位となった、そのため、西園寺家《さいおんじけ》の家嫡《かちゃく》のように、二人・三人と乳父になる現象が現れた、としている。乳父の地位の変化とその意義の変遷についての興味深い論考である。乳母の夫が政治的配慮によって決定されることは、乳母の研究からもいえる。本書では、乳母に基本的な視点を置き、その夫については必要な限りで触れることとし、「乳父」が乳母とは関係なく選ばれたとされる鎌倉後期について検討すると同時に、乳母がその夫と関係なく選定される事態はいつ始まりいつまで続いたのかを究明しておきたい。

乳母の地位

近年、平安期の乳母については、平安期の女房《にょうぼう》研究が進展したことで、乳母についての考察にも新見解が加えられるようになっている。吉川真司氏は「平安時代における女房の存在形態」の中で乳母が女房のトップの地位にあったことを論じている（『ジェンダーの日本史』下、東京大学出版会、一九九五年）。氏によれば、平安期の内裏には天皇に仕えた「上の女房」約三十人がいた。その役職名は「乳母・典侍《てんじ》―掌侍《しょうじ》―命婦《みょうぶ》―女蔵人《にょくろうど》」であったという。その中の乳母は円融《えんゆう》～花山《かざん》朝から地位が急上昇し、典侍と一体化するとされている。一方、親王家など王臣家《おうしんけ》に仕えた女房のうち、上級女房の筆頭はやはり乳母であったと述べ、「乳母が子連れで奉仕」していた事実をも紹介している。そして藤原道長《ふじわらのみちなが》家の女房の分析から、道長の受領系家司《ずりょうけいけいし》の妻の多くが女房であり、女房の中でも特に乳母になっているとした。この受領や家司はもともと中下級貴族であったが、律令俸禄制《りつりょうほうろくせい》が解体したことによって権門《けんもん》への依存を強め、家司や女房となったものであるとする。吉川氏の研究によって、平安期の女房の姿が全体として明らかになりはじめ、中でも乳母の役割の重要さが再認識されるようになった。

創作としての世界ではあるが、乳母の役割が自然に表現されている部分が『源氏物語《げんじものがたり》』にある。失脚した光源氏が須磨《すま》に引きこもる際に、紫上《むらさきのうえ》の乳母「少納言」や葵上《あおいのうえ》の遺児「夕霧《ゆうぎり》」の乳母が登場する。夕霧は光源氏とその正妻「葵上」の間に生まれた男子である。生まれてから、葵上の実家左大臣邸で成長していた。このころ葵上はすでにこの世にいなかったので、夕霧は父とは別居、乳母その他祖父母のもとに仕える人々によって育てられていた。夕霧を守り育てる役割は、左大臣家に責任があったとはいえ、直接的には養育責任は「若君の乳母」にあった、と考えられる。この乳母は「宰相《さいしょう》の君《きみ》」という名で、左大臣の北の方「宮の御前」からの手紙が源氏のもとに寄せられた際にも、取次ぎをしている。また須磨に住む源氏が夕霧の養育について指図する手紙を京に遣わした時にも、宛て名は「宰相の君」であった。このことから夕霧の乳母「宰相の君」は乳母の役割と女房一般の役割を同時に果たす左大臣家でも重要な位置にすわる女房であったことがわかる。

『源氏物語』の乳母

一方、光源氏の自邸「二条院」に残ることになった「紫上」は、「西《にし》の対《たい》」に住んでいたのだが、東の対に住む源氏とは付き従う女房や家司も別であった。須磨への出発に際して、持参する荷物は最小限度とし、「よろづのこと」をみな「西の対」（紫上）に預けて出発している。この部分は「領じ給御荘、御牧よりはじめて、さるべき所々、券などみなたてまつりをき給ふ。それよりほかの御倉町、おさめ殿などいふ事まで、少納言をはかばかしきものに見をき給へれば、親しき家司ども具して、しろしめすべきさまどもの給ひ預く」と表現されている。源氏は所領荘園の管理、それらに関する重要書類、邸内の倉に納められている財宝や米などの食料にいたるまでのすべての管理を、「少納言」という紫上の乳母に任せたことがわかる。この少納言は「はかばかしきもの」と源氏が評価するしっかりものであり、信頼できる人物であったからである。形の上では紫上に源氏の財産管理は任されたのであるが、実質上はこの紫上の乳母「少納言」が、源氏の信頼する家司とともに切り盛りするように、と源氏は述べていると解釈する。源氏が出発した後は源氏付きの女房で都に残った人々も、紫上の住む西の対に仕えている。

このように平安期の乳母は女房中でも最も重要な役割を果たしており、主人の家の管理、後継者の養育、その人が成人した暁には後見など重い役割をになった。それと同時に、女房一般の役割である取次ぎについても、主家の当主夫妻の言葉や手紙を取次ぐなど、重要な役割を日常的に果たしていたと考えられる。

天皇家と公家の乳母

院政時代の乳母

院政と平氏

中世という時代の始めの時期とは、武士階級の政治上の登場という視点から見た時、平氏《へいし》政権の確立する院政期《いんせいき》であるとすることに異論はないだろう。院政が実質的に開始されたのは、白河上皇《しらかわじょうこう》の時代からである。白河上皇の父後三条《ごさんじょう》天皇は、摂関《せっかん》政治を停止して天皇親政を行い、荘園《しょうえん》整理を推進した点で、摂関政治期とは一線が画されるが、上皇・院として絶大な専制的強権を握った院政は、白河上皇から始まると考えてよい。したがって、白河院の時代から院政期社会の乳母の役割を考えてみる。

白河院に取り入り、その愛娘《まなむすめ》提子《ていし》内親王の菩提所《ぼだいしょ》である六条院御堂に所領を寄進した平正盛《たいらのまさもり》は、北面《ほくめん》の武士となる。この時寄進した田地は、伊賀《いが》国鞆田《ともだ》村などに散在する田地や家地二十余町であった。院に接近するチャンスを獲得した正盛は源義親《みなもとのよしちか》らを討って名を挙げ、上皇の造寺造塔に資金を出して、さらに知行国主を平氏一族が獲得する道を開いた。

正盛の子忠盛《ただもり》（一〇九六―一一五三）は白河院のもとで検非違使《けびいし》・左衛門大尉に任じられ、播磨《はりま》・備前《びぜん》・伊勢《いせ》などの国の知行国主となり、大治四年（一一二九）には山陽・南海の海賊を討って大功を顕した。そのため刑部卿《ぎょうぶきょう》となって昇殿を許される。このように、忠盛は平氏一族を伊勢の一介の武士から軍事貴族にまで上昇させた大功労者であった。

忠盛の子清盛《きよもり》（一一一八―八一）は、母親が白河院の愛した祇園女御《ぎおんにょうご》の妹であったことから、清盛自身も白河院の子ではないかともされる。近江胡宮《このみや》神社の『仏舎利相承記《ぶっしゃりそうしょうき》』などを参考に考えれば、祇園女御の妹は白河院の落胤《らくいん》を生んだが、早世《そうせい》したため、姉の祇園女御がこの子を育て、祇園の近く六波羅《ろくはら》に居宅を構えていて、同じく院からの寵愛《ちょうあい》を受けていた平氏の一族忠盛に賜った、という説が信憑性《しんぴょう》を持つ。

1　桓武平氏略系図

正盛―忠盛―清盛―重盛
　　　　　　　　├基盛
　　　　　　　　├宗盛
　　　　　　　　├知盛
　　　　　　　　└徳子

清盛は父忠盛の死後平家武士団の棟梁《とうりょう》となり、保元《ほうげん》の乱《らん》（一一五六年）で後白河天皇方として活躍、平治の乱《へいじのらん》（一一五九年）では源義朝《よしとも》を滅ぼして国家の軍事を担当するのは平氏であることを天下に示した。後白河上皇・二条天皇の時代、清盛は永暦元年（一一六〇）、正三位参議《さんぎ》として公卿の仲間入りをする。そして仁安二年（一一六七）、公卿の最高の地位である従一位太政大臣《だじょうだいじん》に昇る。位は「人臣《じんしん》」を極めたのである。その翌年、病気のために出家するが、それまでに布石《ふせき》を打っておいたとおり、妻の妹滋子《しげこ》（建春門院《けんしゅんもんいん》）の生んだ高倉《たかくら》天皇を即位させ、平氏が藤原氏に替わって天皇家の外戚《がいせき》を独占する体制を確立するのである。この高倉天皇には、清盛は自分と妻時子《ときこ》の間に生まれた娘徳子《とくこ》（建礼門院《けんれいもんいん》）を中宮として入内《じゅだい》させ、徳子が安徳《あんとく》天皇を生んだことから、平氏の外戚独占は名実ともに完成する。こうして平氏は軍事を掲げて公家社会に頭角《とうかく》を現し、院の近臣となってその地位を補強し、さらには公卿の階段を一気に駆け上がって、天皇家の外戚の地位を手に入れたのである。

藤原親子

ここで白河上皇の乳母について見てみると、その人は藤原親子《ちかこ》といい、その子は藤原顕季《あきすえ》（一〇五五―一一二三）である。親子は従二位にまで昇進しており、子息顕季は白河院の院近臣として著名な人物である。顕季は藤原北家《ほっけ》の一流に生まれ、白河天皇の叔父に当たる閑院流実季《かんいんりゅうさねすえ》の猶子《ゆうし》になっている点からみても、白河天皇に引き立てられたことがよくわかる。このような引き立ては、母が天皇の乳母であったことが預かっていることは容易に推測できる。顕季は白河天皇時代は国司を歴任して財力を蓄え、また官職も修理大夫《しゅりだいぶ》を務めた。白河院が院政を開始した応徳三年（一〇八六）以後は、院別当《いんのべっとう》となり院政の要《かなめ》として活躍、財力と権力は摂関家を凌《しの》いだと言われる。顕季は歌にも優れ、歌合せに出詠、主催する一方、判者《はんじゃ》としても尊重され、院歌壇の中心であったとされる。こうして政治・経済・文化の面で顕季が昇進していけたのは、本人の能力が優れていたからであると同時に、父よりも母・親子の恩恵に預かってのことであったことは明白であろう。

また親子は祇園女御とも顕季を通じて知り合っていたと思われる。顕季は平正盛とほぼ同世代の人物であると推定され、平氏が食い入ろうとした院近臣の理想像であった。したがって六条烏丸《からすま》に宿所をもつ顕季と六波羅《ろくはら》に拠点を築きはじめた平氏の間に、院近臣としての繋がりがあり、それを強めるためにも、祇園女御の妹の子である清盛を平氏の手で育てたことは推測できる。

しかし平正盛が仕え、主人と頼んだのは藤原為房《ためふさ》であった。為房は顕季に遅れること十六年の保安元年（一一〇二）に院別当になっている。藤原為房は後三条・白河・堀河・鳥羽の四代、天皇家の蔵人《くろうど》を務め、実務に長《た》けた人であった。その傍ら、摂関家の師実《もろざね》・師通《もろみち》の「家司《けいし》」も務めている。白河院政期には院別当となった。つまり、天皇にも院にも摂関家にも仕えていた実力者なのである。院政期に実力者となる近道は、こうした乳母などの擬制的親族関係を摑むことも有力な方法であったことがよく示されている。

紀伊の二位（藤原朝子）

後白河天皇の乳母は藤原朝子《あさこ》、その夫は藤原通憲《みちのり》（一一〇六―五九）である。朝子は「紀伊の二位」と呼ばれた。朝子の夫通憲は初め鳥羽院に仕えたが、後妻朝子の手引きによって後白河天皇に仕え、天皇の即位を画策し成功させ、後白河天皇が保元の乱によって「治天の君」の位置を確かなものにすると、荘園整理令を発布《はつぷ》させ、記録所を設置し、平氏の武力を用いて天皇親政を強力に支えた。通憲（入道名信西《しんぜい》）は後白河天皇の政治的顧問であったとされる（五味文彦『院政期社会の研究』山川出版社、一九八四年）。

こうした通憲の目覚ましい政治的活躍は、主に彼の後妻となった藤原朝子によってもたらされたものである。治承三年（一一七九）、平清盛がクーデターを起こし、後白河法皇が鳥羽殿に幽閉された時に、わずかに清盛が法皇のもとへの出入りを許したのが、静憲《せいけん》法印、権中納言成範《なりのり》、左京大夫修範《ながのり》という、朝子の三人の子息と、二、三人の女房であったことによってもわかる。平清盛はかつて通憲・朝子夫妻によって引き立てられた恩を忘れず、朝子の子供たちのみ法皇の側に仕えることを許したのである。朝子はこのクーデターのはるか以前（一三年前）に亡くなっていた。乳母とその子が、主君にとっては身内よりも濃い結びつきを形成していたことは、主君が不遇になった時に、より鮮明に現れることがわかる。また妻が天皇の乳母であったことは、その夫にとってどれだけ政治的地位の上昇に有利であるか計り知れない点も見えてきた。

若狭局

後白河天皇の女御・建春門院《けんしゅんもんいん》（平滋子《しげこ》）の乳母は若狭局《わかさのつぼね》といった。高階《たかしな》氏の一族の娘である。若狭局はおそらく平時信の邸宅に滋子がいた娘時代から、滋子の教育と養育にあたってきたのだろう。滋子が応保《おうほう》元年（一一六一）に高倉天皇を生んだことで、平氏一族の繁栄は確実なものになった。滋子が女御になったのはそれより後の仁安《にんあん》二年（一一六七）である。そのため滋子の乳母若狭局は滋子が女御になった時点で、「平氏の女房」から正式に内裏の女房つまり「上《うえ》（朝廷）の女房」に昇進している。滋子は翌年に皇太后の宣下《せんげ》を受け、その翌年には院号宣下を受けたので、以後「建春門院」と呼ばれたのである。

一方、若狭局はその後も女房づとめを続け、安元《あんげん》二年（一一七六）に女院《にょいん》が三十五歳で

2　高階氏略系図（ゴシックは女性を示す）

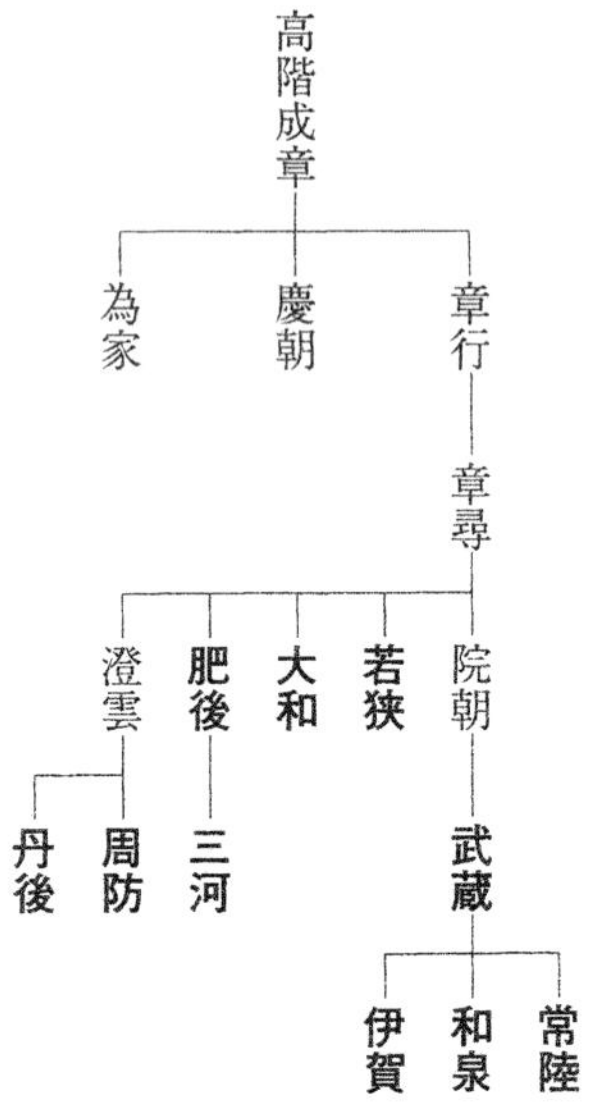

亡くなった後も上の女房の中で重きを占めたようである。若狭局の女房づとめは建春門院の子高倉天皇、孫安徳天皇の代に及んだ。「東宮《とうぐう》安徳の乳母の如し、執権《しっけん》の人なり」と言われたのは、若狭局の立場と権勢をよく表している。と同時に、乳母は院政期、主君の側にいて、女房中では最も権勢を輝かした存在であったことが示されている。そしてこの権勢の増大は、乳母の地位を二代三代と続けることによってもたらされるものであることも知られる。

ここで若狭局の出自である高階氏について見てみよう。若狭局の前後の系図は図2のようになる。

高階氏はもともと天武《てんむ》天皇の孫長屋王《ながやおう》の後胤で、平安時代には成忠《なりただ》の娘貴子《たかこ》が関白藤原道隆《みちたか》に嫁し、定子《ていし》や伊周《これちか》らを生んだことを機に発展し、成忠と弟敏忠《としただ》の子孫たちは国守《こくしゅ》に任じられ、「受領《ずりょう》」となって財を蓄え、また特に敏忠の子孫は、摂関家の家司になるものが多かった。系図の成章《なりのり》は敏忠の孫にあたる。

大弐三位（藤原賢子）

系図中の為家の母は藤原賢子《かたいこ》である。賢子は紫式部の娘で、母と同じく中宮彰子《しょうし》に仕えた。後、賢子は彰子の孫後冷泉《ごれいぜい》の乳母になっていることから、彰子とその子後朱雀《ごすざく》天皇に仕え、後朱雀の子後冷泉の乳母に抜擢されたものと考える。賢子は夫の成章の官と自分の位を合わせて「大弐三位《だいにのさんみ》」と呼ばれた。賢子には式部ほどではないにしても、歌の才能があったこと、また彰子中宮のもとで女房づとめをしていたことが、成章との婚姻の有力な原因であっただろうことは推測できる。逆に賢子の歌の才能は式部以上であったとする説もある（吉海直人『平安朝の乳母達』世界思想社、一九九五年）。

女房と受領とは、平安期、互いに相手の地位や職種を自分の糧にして、昇進をはかり、また夫婦となったといえる。院政期に院司や摂関家の家司と女房が互いに夫婦であったことは多くの研究者が認めている。その前段階には、賢子のように、女房と受領との婚姻関係の成立が、風潮として盛んであったことがわかる。女房の中でも乳母は最も権勢《けんせい》のある存在であったから、国司受領層が婚姻相手として最も注目した女性であったのである。

高階氏の娘たち

高階氏の系図のうち、若狭局については前述した。若狭の姉妹大和《やまと》と肥後《ひご》、肥後の娘三河《みかわ》、若狭の姪周防《すおう》、同じく武蔵《むさし》、武蔵の娘常陸《ひたち》・和泉《いずみ》・伊賀《いが》はすべて建春門院（平滋子）に仕えている。若狭と同じ職場にいたのである。同じく建春門院に仕えた藤原俊成《としなり》の姉健《けん》御前が記した『たまきはる』（『健寿御前日記』とも）に、大和、肥後、周防、三河、武蔵、常陸、和泉、伊賀が登場し、大和と肥後について「二人ながら、御乳母若狭殿の妹也」とあり、周防については「その人どもの姪。今の浄土寺の二位殿（高階栄子《よしこ》）と聞こゆる人の姉」と記す。三河は「肥後が娘」とされ、武蔵については「若狭殿の兄人、院朝法橋《いんちょうほっきょう》（院派の仏師）とかやが女。検非違使遠業《とおなり》が妻」と記される。常陸・和泉・伊賀の三人は「三人、武蔵が子ども。常陸が父はあらず。二はをなじ父。いづれも上西門院に候ける民部の大夫と言ひけるが女とかや」とする。

『たまきはる』が語る建春門院の女房のうち上臈《じょうろう》の、十五番目から二十二番目という上層部に、高階成章の曾孫の世代、その二代三代後の世代が広く食い込んでいたことがわかる。成章の子孫の女性たちは、姉妹が、親子が、叔母姪が、次々と滋子の女房となっていた。高階氏の院政期における繁栄は、天台座主《てんだいざす》になった男性や受領に任じられた男性たちだけでなく、こうした女房づとめを切れ目無く勤めた女性たちによって支えられていたことは明白である。

丹後局高階栄子

高階氏の出身で「丹後《たんご》」の女房名を持つのが「栄子」である。図2に見られるように、彼女は高階一族の法印澄雲《ちょううん》の娘である。久安《きゅうあん》五年（一一四九）ごろ生まれたようである。父の澄雲は延暦寺の三綱《さんごう》を務めた。祖父の章尋《しょうじん》も延暦寺の三綱の上座を務めたという。澄雲の兄院朝《いんちょう》（前出）も法橋で仏師であったというから、栄子の周りには知識探究の気風も色濃かったことがわかる。

栄子は長寛二年（一一六四）平業房《なりふさ》と婚姻している。十六歳くらいの若い年齢での婚姻であった。夫業房は平氏一族ではあるが、清盛とは別系統であり、時の中心にいた人ではなかった。仁安二年（一一六七）平滋子が女御になった後の侍始《さむらいはじめ》の侍の中に左衛門尉平業房の名が見える。このことから、業房も滋子に仕えていたことが推測される。おそらくは栄子と業房の婚姻も、同じく建春門院（平滋子）に仕える平氏と高階氏の間柄の近さによって生じたものであったと思われる。

滋子の夫後白河天皇は、保元三年（一一五八）院政を開始し、嘉応《かおう》元年（一一六九）には法皇となったが引き続き俗権も握り続けた。安元二年（一一七六）建春門院（滋子）が亡くなった。建春門院は後白河天皇が最も寵愛《ちょうあい》した女院であった。滋子の亡くなる前年、安元元年八月、法皇と女院は揃って相模守平業房の浄土寺堂に御幸《みゆき》している。女院は還御《かんぎょ》したが、法皇は一夜を明かしたとされる。栄子夫妻との関係はこのようにして滋子の死の直前から始まっていた。

滋子の死は女房たちにとっては大きな転機となったに違いない。しかしその多くは若狭局のように、後白河院や滋子の子高倉天皇に仕えたのであろう。『たまきはる』の著者健御前のように、他の女院に勤務先を変える場合もあっただろう。では栄子はどうだったのだろうか。

栄子が滋子（建春門院）に仕えていたという確かな史料はない。栄子がこの間、女子二人、男子一人（業兼）を生んでいることから見て、女房づとめはしていなかったように思われる。滋子と栄子はほぼ同年齢であり、高階一族の他の多くの女性が滋子の女房になっていたという心安さから、法皇は栄子に注目したのではないかと思う。

夫業房の没落と栄子の転身

ここに起こったのが鹿ヶ谷《ししがたに》事件である。治承《じしよう》元年（一一七七）京都東《ひがし》山《やま》の鹿ヶ谷にある俊寛《しゆんかん》の山荘に後白河法皇の近臣たちが集まった。藤原成親《なりちか》や山荘の持ち主俊寛らが首謀者であったと言われる。そこで平氏打倒の謀議《ぼうぎ》を行なったという。多田行綱《ただゆきつな》の密告によって、平氏の軍勢に捕らえられた成親は備前《びぜん》に、俊寛らは喜界島《きかいがしま》に流された。なぜこの時点で平氏打倒の動きが表面化したのであろうか。その理由は後白河法皇の女御平滋子（建春門院）の死が契機になっているとしか考えられない。平清盛の正室時子の妹であるこの人の死は、後白河後宮の勢力配置を揺り動かした。滋子の実子高倉天皇が生まれたのは応保元年（一一六一）であり、それまでは後白河の実子ではあるが鳥羽皇后美福門院《びふくもんいん》（藤原得子）の養子格の二条、その子六条が先に即位していた。そうした時に滋子の実子が生まれたのであるから、後白河は喜び、高倉帝は仁安三年（一一六八）、八歳で天皇になり、滋子は皇太后《こうたいごう》となる。翌年後白河は出家して法皇になり、滋子は女院となっている。後白河法皇と建春門院の仲睦《むつ》まじさが示されている。その女院を亡くしたことは法皇にとっても反平氏方の諸勢力にとっても、時代の区切りだとの感が持たれたのも当然といえる。

さてこの鹿ヶ谷事件で処罰された人の中に平業房がいた。高階栄子の夫である。当時木《も》工頭《くのかみ》であった業房は俊寛らとともに捕らえられたが、法皇からの嘆願によって放免されている。扱いは成親、俊寛たちと異なっている。これ以前の安元元年（一一七五）八月、建春門院の死の前年、後白河法皇と女院は揃って浄土寺堂に御幸したことは前述した。この寺は業房の建てた寺である。女院は還幸《かんこう》したのだが、法皇は一夜をそこで過ごしたという。

3　後白河法皇（宮内庁三の丸尚蔵館所蔵）

治承三年（一一七九）正月には正五位下左衛門佐《さえもんのすけ》に任じられたことで世間を驚かせ、九条《くじょう》兼実《かねざね》は「人々の耳目を驚かす、言語の及ぶ所に非《あら》ず」と『玉葉《ぎょくよう》』で嘆いている。こうした事実を見ると、業房は単なる近臣の一人というより寵臣であったといえよう。寵臣であったがゆえに、後白河法皇の側近として、平氏方から敵視されたと考えられる。

治承三年の正月に正五位下に任じられたばかりの業房は二年前の鹿ヶ谷事件で捕らえられたが許された。しかし十一月、清盛が起こしたクーデターを免れることはできず、業房は伊豆国に配流されることになる。清盛は、反平氏の動きを察知し、後白河法皇を鳥羽殿に幽閉するという挙に出たのであった。業房は伊豆に護送される途中で逃亡し、十二月に入って清水寺の僧坊にいたところを発見され、平宗盛の拷問を受け、福原《ふくはら》に送られ出家したとも殺されたともいわれる。「院の近臣、御寵人」業房は政界から姿を消し、妻栄子が後白河法皇の寵愛を一身に受ける条件は整った。

栄子の皇女出産

治承四年（一一八〇）、政情は急展開を見せる。清盛の孫にあたる言仁《とき ひと》親王が即位して安徳天皇となり、一方、反平氏方では以仁王《もちひとおう》（後白河法皇の皇子）の令旨《りょうじ》を奉じた源頼政《よりまさ》の挙兵は失敗し、以仁王と頼政は宇治川《うじがわ》で敗死する。法皇は鳥羽殿から東八条殿に移され、清盛の福原遷都（六月）によって福原へ移される。

しかし源頼朝の伊豆での挙兵、木曾義仲《きそよしなか》の信濃《しなの》での挙兵を見聞きした平氏の京への還都策によって、六波羅へと居所を移すのである。六波羅では故重盛《しげもり》の六波羅泉殿に入り、ついで高倉上皇の住む六波羅池殿で暮らしている。師走《しわす》には平重衡《しげひら》の南都焼き討ちで東大寺、興福寺が被害を受けた。翌治承五年閏《うるう》二月、清盛は亡くなる。そのため法皇はようやく法住寺殿に還御するのである。

この間、栄子は法皇に付き従っていたようである。治承五年の七月には亡夫業房の浄土寺堂で夫の供養をしている。その際、法皇は多くの殿上人《てんじょうびと》を遣わした。これを見た人々は「奇異となす」と九条兼実は記している。栄子が法皇の寵愛をしっかりと受けていたことがわかる。

ついで人々を驚かせたのは、栄子が皇女を生んだことである。皇女覲子《あきこ》の誕生は養和《ようわ》元年（一一八一）十月のことである。栄子には業房との間にすでに五人の子女がおり、末子の教成《のりなり》は五歳であった。皇女を出産した時、栄子は三十三歳、法皇は五十五歳であったということになる。

この後浄土寺堂での供養は寿永《じゅえい》元年（一一八二）十二月、文治《ぶんじ》二年（一一八六）七月に行われ、いずれも栄子の夫業房の後生《ごしょう》を祈る法要であった。仏事には法皇自ら臨御《りんぎょ》したこともあった（文治二年）。兼実は院宣《いんぜん》によって浄土寺堂に掲げる額に「浄金剛院」の字を執筆している（寿永二年十二月）。建久《けんきゅう》二年（一一九一）九月、浄土寺山荘から出火した。しかしなんと十一月には新造されている。栄子が後白河上皇のもとで、どれほど寵愛されていたのかがわかる。建久三年、法皇が崩御すると、栄子は剃髪《ていはつ》していったん浄土寺堂に籠もる。そのため栄子は以後「浄土寺二位」と呼ばれた。

栄子一族の栄達

栄子が後白河法皇の寵愛を一身に受けたことによって、栄子の前夫の子教成は十二歳で従五位上となり昇殿を許され、建久二年には左近衛《さこのえの》少将《しょうしょう》に任じられている。栄子の孫や娘婿の昇進も異例ずくめであった。栄子自身も文治三年（一一八七）従三位に叙せられんとした時、兼実は「卑賤者、然るに殊寵双《なら》びなく、李夫人楊妃に異ならず」と非難している。世間からは納得のいかない官位昇進と捉えられていたのは事実であろう。

建久三年（一一九二）栄子は後白河上皇から所領を配分される。この時、山科《やましな》小野荘など多くの地を与えられたのだが、それらの地では「勅事・院事・国役《くにやく》停止」の特権が付けられており、上皇の死後も「仏眼や怨念を以て」でもこれらの荘園を違乱《いらん》する者に報いるとしている。栄子がどれほど上皇の寵愛を集めていたかがわかる史料である。

栄子は乳母ではないが、院の殊寵を受けて官位を二位まで上げ、一族もその恩恵を被って栄達《えいたつ》が叶《かな》っている。この栄子の例は、方法は摂政・関白にのし上がった男性たちとは異なろうと、女性でもその才覚によって院の意向を左右し、政治に関与することができたことを示している。官位の昇進は貴族社会の中では最も重要な政治的獲得目標であったからである。

院政を支えたもの

摂政・関白の時代とは異なり、院政時代には、院はことさらに院《いんの》司《つかさ》の力を強め、摂政・関白に対抗する勢力を造り上げたから、院の幼少時の乳母の一族がその職に抜擢《ばってき》される現象を生んだ。次の天皇の東宮傅《とうぐうふ》（東宮の補導を司る官）に任じられた人も次代には権力を握ることが容易な立場にあった。つまり、院の権力が大きくなるにつれて、院に私的に仕える乳母・乳父の一族や、その寵愛者が、律《りつ》令《りょう》制的国家行政機構からはみ出した部分から院権力を補強する形が取られたのである。乳母の一族が権力を伸長することと、栄子のような寵愛者が力を持つことは、院が律令制的行政機構を超越して権力を振るう時代になったからこそ出現した姿であったといえる。

天皇家の乳母——藤原兼子

承久《じょうきゅう》の乱《らん》（一二二一年）の京方の中心人物は後鳥羽上皇《ごとばじょうこう》である。その後鳥羽上皇に乳《う》母《ば》として仕えたとされるのは藤原兼子《かねこ》である。一般に、兼子は後鳥羽上皇の乳母であるとする研究者が多いなかで、五味文彦氏は乳母ではなかったと述べる（「聖・媒・縁」『日本女性生活史』第二巻中世、東京大学出版会、一九九〇年）。授乳という側面で乳母であったかどうかには確証がないが、いずれかの天皇の乳母としての役割を果たした女性として本書では取り上げる。

兼子の出仕

後鳥羽天皇は高倉《たかくら》天皇と七条院殖子《しちじょういんしょくし》の間に生まれた皇子で、生年は治承《じしょう》四年（一一八〇）である。藤原兼子は南家《なんけ》藤原氏の流れの中から出た女性で、久寿《きゆうじゆ》二年（一一五五）の生まれであるから、天皇より二十五歳年長ということになる。兼子は刑部卿《ぎようぶきよう》藤原（高倉）範兼《のりかね》の娘であったので、父の官名から、はじめ「卿局《きようのつぼね》」と呼ばれた。後、兼子自身の位階や官職が昇進するにつれ、「卿典侍《きようのてんじ》」「卿三位《きようのさんみ》」「卿二位」と呼ばれる。姉範子《のりこ》ともども後鳥羽天皇の乳母になったといわれている。『鹿王院文書《ろくおういんもんじよ》』のうち、鹿王院雑掌《ざつしよう》の言上状中、軽部《かるべ》荘山手村の相伝《そうでん》系図には「卿二品」「後鳥羽院御乳母」と記されている。したがって鎌倉前期の人々には兼子は後鳥羽院の乳母として活躍していた姿が強烈な印象として残っていたと考えられる。兼子が乳母として世間に知られるようになった背景には、父範兼の養子となっていた叔父の範季《のりすえ》が、姉妹を父の死後養育する傍ら、後鳥羽天皇の養育を担当していたことがあった。このような養父の立場は、姉妹の宮中での女房づとめ、特に乳母としての地位の確立に預かって力になったことと思われる。姉の範子の娘は後鳥羽天皇の後宮に入り、為仁《ためひと》（土御門天皇《つちみかど》）を生んでいる。高倉家の一族が男女を挙げて後鳥羽天皇をしっかり取り囲んでいたことがわかる。

兼子が女官になっていたことがわかる史料の初見は『三長記《さんちようき》』建久《けんきゆう》九年（一一九八）正月十一日条であり、土御門天皇の下級女房の一人として名を連ねているとされる（杉橋隆夫『国史大辞典』藤原兼子の項）。この時正六位上であったという。とすれば、姉の範子の引きによって、姉の娘と後鳥羽上皇の間に生まれた土御門の女房として、四十四歳の兼子が出仕したのが、女房づとめのきっかけだったのではないかと思う。

後鳥羽天皇が院政《いんせい》を開始したのはこの建久九年（一一九八）である。建久六年生まれでわずか四歳の土御門天皇に譲位した後鳥羽院は、この年、十九歳の青年上皇であった。院政を始めた上皇は積極的に院権力の強化をはかる。それにつれて兼子の地位は高くなり、土御門天皇の女房として出仕した翌年の正治元年（一一九九）正月に早くも典侍《てんじ》となり、建仁元年（一二〇一）従三位に（『玉葉』）と位は急上昇する。典侍となってすぐに藤原宗《むね》頼《より》と婚姻、彼とは死別すると（建仁三年）、藤原（大炊御門《おおいみかど》）頼実《よりざね》と再婚している。兼子は典侍となった時から、鋭く先々を読んで、立身出世《りっしんしゅっせ》を図るとともに、婚姻をも遂げて、自己の立場を補強したといえよう。

乳母の位

「三位」という高い位に女房が任じられるのは、院政期の一つの特徴であったように思われる。八条院《はちじょういん》の「寵臣」といわれた女房は「三位局《さんみのつぼね》」であり、八条院の意を受けて沙汰《さた》を下し、一方で以仁王《もちひとおう》との間に宮と姫宮を生み、九条兼《くじょうかね》実《ざね》との間に良輔《よしすけ》を生んでいる。兼子の姉の範子も「刑部卿三位」と呼ばれたことに示されるように、三位の位を与えられた。『禁秘抄《きんぴしょう》』には「近代三位済々、東宮并親王御乳母、又無何院女房等皆叙三位、力不レ及事歟《ちからおよばざることか》」とあり、乳母を始めとして、何の功績もない院の女房などが三位を授けられる風潮があったことがわかる。位を与えるのは院や天皇であるから、院権力が急激に伸長した院政期に、院の意向によって、乳母を初めとする女房の一部分が、三位以上の高官に昇進するという現象が特異的に出現したのだろう。

しかし、乳母に関して言えば、三位に叙されるのは天皇の乳母の場合、平安期からの伝統であった。源顕通《あきみち》は嘉承二年（一一〇七）のころ二十三歳であり、官職は権中納言《ごんちゅうなごん》であったが、その母は堀河天皇の乳母であったため「大臣殿《おおいどの》の三位」と呼ばれた師子《しし》である。天皇の乳母は三位を拝領《はいりょう》している。また堀河天皇にはほかに三人の乳母がいたことがわかり、一人は藤原兼子で道綱の曾孫《そうそん》にあたり、「伊予三位」「藤三位」と呼ばれた。この人は『讃岐典侍日記《さぬきのすけにっき》』を書き残した「讃岐典侍《さぬきのてんじ》」長子《ながこ》の姉である。もう一人は藤原道隆の曾孫にあたる中関白家《なかのかんぱくけ》の家子《やかこ》である。この人は「大弐三位《だいにのさんみ》」と呼ばれた。最後の一人は藤原光子《みつこ》で、藤原公実《きんざね》の正室にもなった人で、「弁三位《べんの》」と呼ばれた。したがって乳母として養育した皇族が天皇になれば、その乳母は三位を授けられるのが平安期には慣例となっていたことがわかる。鎌倉期の藤原（高倉）兼子が三位になり、二位に昇進したことによって、逆にこのような習慣に慣れていた人々が、兼子を無条件に後鳥羽天皇の「乳母」とする見方を生んだと考える。

ところで天皇の周りにいる摂政《せっしょう》・関白《かんぱく》、近臣、女房の序列は天皇崩御の時に最もよく現れる。右の三人の乳母がいたことがわかる堀河天皇の崩御《ほうぎょ》直前の様子が『讃岐典侍日記』に記されているので検討しよう。

堀河天皇は白河天皇の子で、承暦《じょうりゃく》三年（一〇七九）の生まれである。院政初期の例にもれず、八歳の年、応徳三年（一〇八六）に即位した。政治は父の白河天皇が院政を行なっていたから、若いころには堀河天皇の施政はなかったといえる。しかし青年期になると政務に励み、「末代の賢王」とされた天皇である。政治以外に和歌や笙《しょう》に堪能《たんのう》で、『堀河院御時百首和歌』を作らせたことで有名である。しかし堀河天皇は病気がちで、嘉承《かしょう》二年（一一〇七）、二十九歳の若さにもかかわらず六月から重態となり、加持祈禱《かじきとう》の甲斐《かい》なく七月十九日に崩御してしまう。この堀河院に仕えて臨終《りんじゅう》を見守ったのが「讃岐典侍」であった。

堀河天皇は嘉承二年（一一〇七）には二十九歳の青年天皇であった。讃岐典侍は康和《こうわ》二年（一一〇〇）から女房づとめをはじめており、勤めはじめたころ二十二、三歳であっただろうと推定されているから（赤木志津子「讃岐典侍」『人物日本の女性史』六、集英社、一九七七年)、天皇崩御のこの年には天皇と同年齢であったようである。乳母であった姉の兼子とは、三十歳も年がはなれていたという。

天皇の崩御と近親たち

その堀河天皇の臨終の場にいたのは次のような人々であった。「大殿」(関白藤原忠実《ただざね》)、「左衛門督《さえもんのかみ》」(天皇の叔父雅俊《まさとし》、村上源氏源顕房《あきふさ》の子、雅実《まさざね》の弟)、「源中納言国信《くにざね》」(源国信、天皇の叔父、坊城《ぼうじょう》中納言、同じく源顕房の四男、天皇の側近でかつ歌人)、「顕通中納言」(讃岐の従弟で乳母子)、それに宰相中将能俊《よしとし》(醍醐《だいご》源氏)と左大弁重資《さだいべんしげすけ》(醍醐源氏)の六人の男性である。女性は「大臣殿三位」(師子、源顕通の母)、「大弐三位」(家子、藤原家範の妻で基隆《もとたか》・家保《いえやす》の母)それに讃岐典侍であったが、おくれて姉の兼子(「伊予三位」「藤三位」)も上ってきた。最期の別れを惜しみに来た大勢の人々は別にして、堀河天皇は乳母たち、その子(乳母子)、天皇の叔父にあたる源氏、関白藤原忠実、それに醍醐源氏という、関白を除けば臣下の近親者と乳母・乳母子に囲まれて旅立って行ったことがわかる。「大弐三位」家子は「お生まれになった時から片時も離れない乳母なのですから、どうか一緒につれていって下さい」と天皇の手を取って泣いたとある。乳母という立場にある女性たちは実の母親以上に養《やしな》い君《ぎみ》に対して愛情を注ぎ、また養君もそれに応えて乳母子を引き立て、国守に任じて報恩の心を表していたことが読み取れる。

乳母の一族の重用

この場にいた男性たちのほとんどは源氏であることも読み取れる。

堀河天皇時代にこれほど源氏が台頭した理由は、白河天皇の中宮《ちゅうぐう》になったのが、村上源氏の顕房《あきふさ》の娘賢子《かたいこ》であり、堀河天皇はこの賢子から生まれたためである。顕房は大臣になり、その子孫もほとんどが大臣を拝命している。白河院政・堀河天皇の時代は藤原氏から摂政や関白は出しても、他の重職は源氏に担当させて藤原氏に代わる側近集団を作り上げていたといえる。『中右記《ちゅうゆうき》』によれば康和四年（一一〇二）のころの様子として「近代公卿二十四人、源氏之人過半歟、未レ有二如レ此事一歟《いまだかくのごときことあらざるか》、但天之令レ然《てんのしからしむる》也《なり》」とあり（六月二十三日条）、源氏の多いこと、中でも村上源氏が十二人中八人を占めていたことがわかる。こうした源氏と並んで用いられたのが乳母の一族であった。

乳母はまた複数置かれていたが、いずれも院政期には三位という高い位に任じられていることもわかった。それは、院政の手足として、一代ごとに自由に使えたからではなかろうか。藤原氏に代わって源氏を用いても、臣下の間で勢力が交代したにすぎない。それよりも、天皇一代ごとの乳母の一族を重用することには、一代限りというメリットがある。乳母が高位に叙されたのは、このような政治的配慮が働いてのことであったと考えられる。

兼子の出自

「卿局」藤原兼子自身に話を戻すと、父の藤原（南家《なんけ》）範兼《のりかね》は大学頭《だいがくのかみ》・東宮学士《とうぐうがくし》・式部少輔《しきぶのしょう》・刑部卿《ぎょうぶきょう》・従三位となった学問に明るい人物であった。また鴨長明《かものちょうめい》の書いた歌論書『無名抄《むみょうしょう》』には「範兼の家の和歌会ほど優雅なのはなく、近頃珍しい、範兼は亭主としてのもてなしもうまく、和歌の批評も適切」といわれた部分があるから、和歌会の主催においても人並み以上の能力をもった人であったことがわかる。

和歌を通じて兼子自身、藤原定家《ていか》やその姉妹とも交流があった。定家の姉妹「坊門殿《ぼうもん》」と「健御前」は八条院に仕えており、兼子と親しくしていた様子は、健御前《けん》の日記『健寿御前日記』（『たまきはる』とも）に兼子が登場することによってもわかる。二人はほぼ同年齢であった。寿永二年（一一八三）には兼子は二十九歳、健御前二十七歳である。

寿永二年七月、木曾義仲《きそよしなか》が入京、平氏《へいし》は安徳《あんとく》天皇を奉じて西に落ちた。そのため後白河上皇は新天皇を置くことにし、異母妹の八条院の邸宅でそのことが話し合われた。後白河院は八条院の質問に対して「高倉《たかくら》の四宮《しのみや》」がよいといったことが『健寿御前日記』に見え、この席には「はばからぬ人」として摂政藤原基通《もとみち》と兼子の二人がいた。この事実から、後白河院・八条院の上皇と女院から信頼されて、機密を聞いても両院には不都合のないような、重要な立場の女房として兼子の位置はすでに定まっていたことがわかる。これは兼子が女房として出仕した初見とされる建久九年（一一九八）より十五年も前のことである。この事実から推測すれば、兼子は後鳥羽院の女房と目される以前に、八条院か後白河院に仕えていたのではないか、おそらくは八条院付きの女房であったと推測される。

　兼子がこうした重要な立場についたのは、姉にも負うところが大きいと思う。姉の名は藤原範子《のりこ》で、彼女は清盛の妻時子の兄弟法名能円《のうえん》（法勝寺執行）の妻となっていた。件《くだん》の四宮は時子の要請で能円・範子夫妻が養育にあたっていた。四宮こそが後に後鳥羽天皇と

4　藤原南家略系図

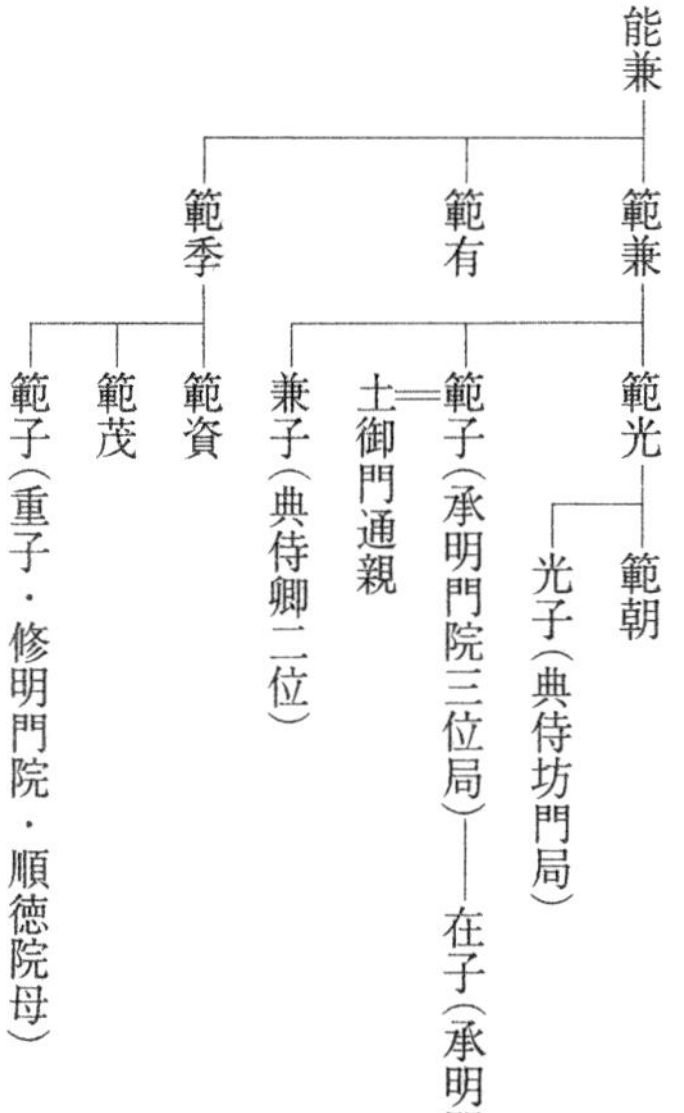

なる人である。後鳥羽天皇の乳母は、兼子ではなくその姉の範子であったのである。姉の範子は「承明門院《しょうめいもんいん》三位局」「刑部卿三位」（『愚管抄《ぐかんしょう》』巻第六）と呼ばれた。

姉の範子には能円との間に在子《ありこ》という女子があった。後鳥羽天皇が建久三年（一一九二）に天皇親政を執《と》るようになると、土御門通親《みちちか》が範子と婚姻し、在子を養女とする。そして在子を後鳥羽の後宮《こうきゅう》に進め（承明門院）、在子が皇子を生むとその皇子の傅育《ふいく》にあたる「乳母父」の地位を獲得し、外祖父として執政《しっせい》しようと野望を燃やすのであった。

系図上の兼子の位置は図4のようなものである。

源通親

姉範子の後夫・源（土御門）通親は後白河院の近臣として出発し、丹後局《たんごのつぼね》の生んだ「宣陽門院《せんようもんいん》」の院別当《いんのべっとう》を務め、ついで後鳥羽上皇の院別当を務めた院政期の政治家であり、「凡《およ》そ件の卿奉公之至り、肩を比べるの人無し」「旁《かたがた》忠士と謂《い》うべし」（『玉葉《ぎょくよう》』文治《ぶんじ》二年六月一日条）と言われた優秀な行政官であったが、同時に政界に大きな勢力を築く策士でもあった。平氏全盛時代には正妻として花山院忠雅《かざんいんただまさ》の娘がいたのにもかかわらず、清盛の姪《めい》・教盛《のりもり》の娘を娶《めと》っていた。第三番目の妻が藤原（高倉）範子であったのである。その平氏が没落するや、後白河院の寵姫《ちょうき》丹後局と結び、鎌倉幕府と親幕府派公卿九条兼実《くじょうかねざね》に対抗する。そして建久《けんきゅう》七年（一一九六）兼実・弟兼房《かねふさ》・兼実息良経《よしつね》の解官《げかん》、滋円《じえん》の天台座主《てんだいざす》解任に成功する。そして後鳥羽院政の場として二条殿を造営し、自らは後院《ごいん》別当になる。通親はこのころ「源博陸《はくろく》」と呼ばれた。この言葉は「源氏の関白」を意味する。藤原氏ではない源氏（土御門氏）が、関白の地位を奪う時代になっていたのである。

後鳥羽院は次の天皇を在子（承明門院）の生んだ皇子に決定した。在子は兼子の姉範子の生んだ娘であったから、範子は天皇の祖母で院の正室の母という立場になった。源通親は天皇の祖父格になったわけである。摂政関白の地位は土御門天皇の即位（建久九年）で実質的なものになった。こうして後鳥羽院政の初期、院の別当と天皇の祖父で養育役割を兼ね備えたため、源通親の権威は並びなくなり、意に任せて叙位や任官を行なった。幕府側でも一条高能《たかよし》の死（建久九年）、源頼朝の死（正治《しょうじ》元年）と、相次ぐ不幸や将軍頼家《よりいえ》の指導力不足が目立ちはじめる。

兼子はこの時代、正治元年（一一九九）に典侍《ないしのすけ》《てんじ》となり、藤原宗頼と婚姻した。四十五歳であった。そして二年後の建仁元年（一二〇一）従三位に任じられたので、この時から「卿三位」と呼ばれるのである。兼子が土御門天皇の乳母と見なされたのは、土御門天皇の祖母が兼子の姉であったこと、姉の後夫の通親が天皇の祖父格であったことなどから考えれば、当然のことであったことがわかる。源通親派が周到に準備して、土御門天皇を取り巻く形で後鳥羽院政期を乗り切ろうとしていた様子がよく分かる。兼子は正治元年四十五歳であったから、年齢から見て五歳の土御門天皇の乳母とは考え難い。そのため、十九歳で上皇になり、この年二十歳の青年であった後鳥羽院の乳母だと誤解されることが多かったのであろう。しかし事実は土御門天皇の乳母であったといったほうが正しい。

乳母と傅《もり》

兼子の夫は藤原宗頼である。宗頼にはすでに同族の娘（叔父の娘）頼子《よりこ》が正室となっており、宗方《むねかた》という子息もあった。頼子は八条院に仕えていた。その八条院は兼実の娘・宜秋門院《ぎしゅうもんいん》の生んだ皇女春華門院《しゅんかもんいん》を養女としていたので、頼子はその乳母となり、後、例の如《ごと》く三位に叙せられている。頼子は「別当三位《べっとうさんみ》」と呼ばれた。このような配置から考えて、頼子と兼子は互いに八条院の女房として知己《ちき》の間柄であったことがわかる。藤原宗頼は前妻のお陰で八条院に出入りでき、後妻の兼子のお陰で土御門天皇・後鳥羽上皇に近づくことができたのである。

藤原宗頼は後鳥羽上皇から土佐国を拝領し、その後正二位権大納言にまで昇進している。兼子の夫になったことで土御門通親と姻戚となり、さらに通親の嫡子《ちゃくし》・通光《みちみつ》を婿《むこ》として迎えることになり、二重の結びつきを形成した。そして守成《もりひら》親王（順徳《じゅんとく》天皇）が土御門天皇の皇太弟に選ばれると、土御門通親は「皇太弟傅《ふ》」となり、藤原宗頼は「東宮権大《ごんのたい》夫《ふ》」になる。通親と宗頼は揃って順徳天皇を取り囲む体制をも作ったのであった。乳母と「傅《もり》」とが皇太子を養育し後見《こうけん》し、もり立てていく姿が形成された。乳母と傅は必ずしも夫婦であったわけではないが、同族か姻族であったことがわかる。また乳母と傅に決まる順序は乳母の方が概して早い。乳母の選定はその皇族にとっても皇位継承のための重要な要素であったことがわかる。ただしその選定はその養君《やしないぎみ》の皇族その人ができる問題ではなく、前代の天皇や院が行なったから、運を天に任せなければならない点もあったことは事実である。またその皇族が天皇ないし院としての責務を全うできるか否かは、多分に乳母・傅の力量にかかっていたこともいえよう。

乳母として自立

兼子は結婚して二年後に、養女としていた「西御方《にしのおんかた》」（坊門信清《ぼうもんのぶきよ》の娘）が頼仁《よりひと》親王を生むという幸運に恵まれる。そのため、頼仁親王に対しても乳母として養育に当たっている。四十五歳という年齢での結婚では、実子の誕生はあまり期待できなかっただろう。その代わりに養女はすでに決めており、また乳母としての勤めも、逆に実子がないことで、献身的な勤めをしようと励み、周りからもそのように期待されていたと考える。

しかし兼子の周囲の男性に大きな変化が起こる。建仁《けんにん》二年（一二〇二）土御門通親が五十四歳で死去し、続いて夫藤原宗頼が翌年（建仁三年）に亡くなる。五十歳。病死であった。兼子の置かれている立場が変化しただけでなく、政治の上で通親の死は大きな変化をもたらした。後鳥羽上皇は二十二歳の青年上皇として院政を積極的に推進しはじめたからである。通親派に代わって九条兼実派が復活した。

土御門天皇の乳母としての兼子はこれ以前から後鳥羽上皇の側に近侍《きんじ》していたようである。姉の範子は後鳥羽上皇の乳母であった。しかしこの姉も正治二年（一二〇〇）にすでに亡くなっていた。おそらくは、姉範子の死によって、後鳥羽上皇の側に近侍する女房の筆頭格に兼子はおさまったのではないか、と思う。したがって通親の亡くなった建仁二年以後は兼子は土御門家、藤原家の両家を双肩《そうけん》に担う立場にいたことがわかる。後白河院時代に「はばからぬ人」として八条院の側にいた姿が、再び再現されたのである。

再婚と地位の上昇

宗頼が亡くなったのは建仁三年（一二〇三）の正月である。その年の内に兼子は太政大臣《だじょうだいじん》藤原（大炊御門）頼実《よりざね》と再婚する。四十九歳であった。頼実の祖父は、京極《きょうごく》家の三男に生まれ大炊御門家を起こした経実《つねざね》であり、父経宗《つねむね》はその姉妹が二条天皇の母となったことによって左大臣にまで進んでいた。大炊御門家は院政期の新興名門公家であった。太政大臣という高官にいながら、前妻を差し置いて頼実が兼子に急接近した理由は、娘麗子《れいし》を土御門天皇の中宮として入内《じゅだい》させたいと望んでいたからである。兼子はその意を汲んで後鳥羽院と九条良経《よしつね》（兼実の子）の間に立って奔《ほん》走《そう》し、良経の娘立子《りっし》を順徳のもとに入れ、麗子は土御門天皇のもとに入内させることに成功する。麗子はのち「陰明門院《いんめいもんいん》」と呼ばれる。順徳の「傅」（皇太弟傅）には通親、その死後頼実が任じられており、順徳天皇のまわりは藤原頼実が固めていたからである。藤原頼実は院別当を兼ねており、院庁下文《くだしぶみ》に署判している。「関東申次」として、院と幕府の仲介役を務めるのも彼であった。通親亡き後、院政を事実上動かしていたのは彼であった。一方兼子は院への「申し次ぎ」を女房としての職務としていたから、後鳥羽上皇への取次ぎは兼子を経て行なわれた。特に官職の叙任に際して兼子の取次ぎは他を圧倒していたようであり、藤原定家の感謝ぶりなどからもその一端は推測できる。慈円は『愚管抄』の中で、兼子は頼実を夫にして「ヤガテ院（後鳥羽上皇）ノ御ウシロミセサセテ候ケル」（巻第六）と述べている。つまり、通親亡き後は、後鳥羽院政は藤原頼実・兼子夫妻によって牛《ぎゅう》耳《じ》られていた、といっても過言ではなかろう。

兼子は幕府との間に立ち、源頼朝と政子の間に生まれた二男実朝《さねとも》の妻を選定するに当た

5　大炊御門家略系図

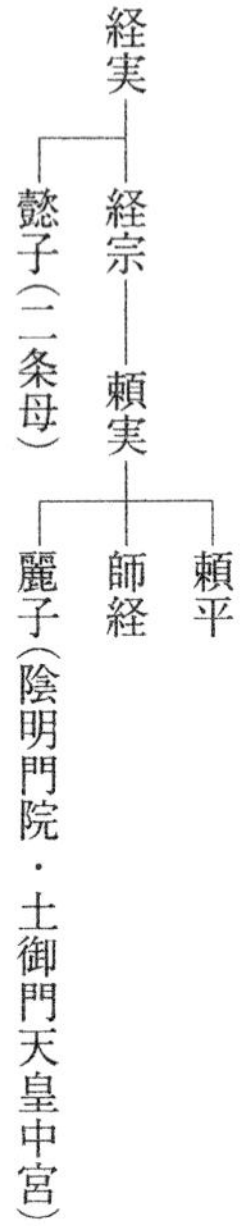

6　坊門家略系図

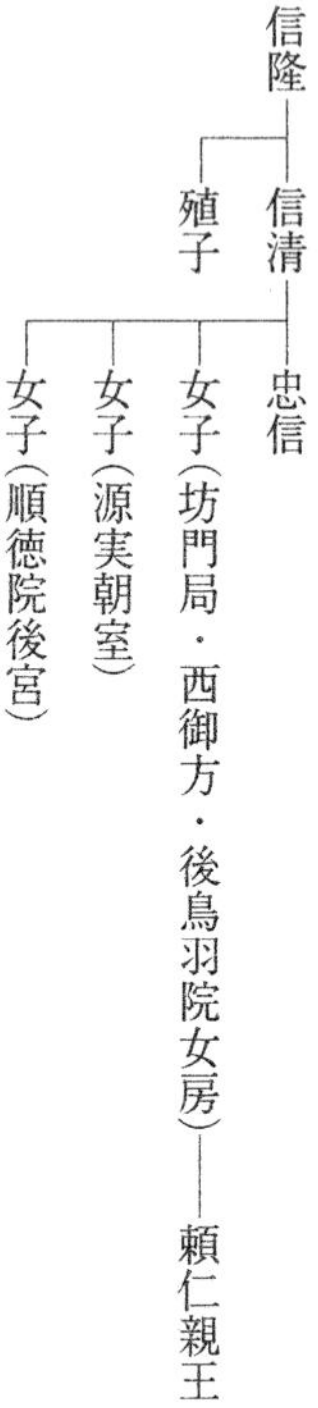

って働いている。実朝の妻には大納言坊門信清《ぼうもんのぶきよ》の娘で、兼子の養女「西御方」の妹に当たる人が選ばれた。当時十三歳である。

図6の殖子《しょくし》は高倉天皇の後宮に入り、後高倉院・後鳥羽天皇の生母でもあるという人であり、「七条院」と呼ばれた。後鳥羽天皇は七条院に多くの荘園《しょうえん》を譲っている。坊門家はこの殖子によって家格《かかく》を急上昇させることができた。

院政と乳母

　このように、院政期には院に急接近することで、いままでになく、新興公家階級が輩出する。高倉家、大炊御門家、坊門家しかりである。そうした新興公家輩出の背景には、一族女性が乳母の地位を獲得することがまず手始めであったことが判明した。新興公家は初めから中宮の地位に娘をおけるはずもないから、娘を女房にあげ、あるいは男性が、時めいている乳母と婚姻をとげることによって、娘を天皇に近づけることができたのである。中下級公家から上級公家まで、こと結婚の相手に関する限り、年齢には関係なく、公家の男性は天皇家の乳母を最も理想の婚姻相手と見ていたことがわかる。院政期は藤原摂関家に代わって院が新しい人材を登用したから、その波に乗って新興公家の家が形成される。その動向の背景にあったのは、院や天皇の乳母として活躍する女性、またその傅役《もりやく》に就《つ》いた乳母の夫や、天皇の父、祖父の立場を新たに得た公家たち、であった。摂関の持っていた荘園は整理され、逆に院や女院《にょいん》に集中した膨大な荘園を預けられた女房やその夫たちは、院政期の政治と経済を握っていた。しかしそうした新興公家階層が新しい世界を開拓できたかというとそうではなかった。彼らの上には院が「意のままに、法に関わらず」政治を行なっていたからであり、彼らは院政の手足になり、国家財政に寄生《きせい》していたにすぎないからである。中世の成立は、やはり武士階級が圧倒的に支持した鎌倉幕府の確立を待って初めて成し遂げられたといえる。

その鎌倉幕府の成立期に京都の院政の中心にいたのが、件の藤原兼子である。

鎌倉幕府と兼子

源頼朝・政子《まさこ》夫妻には二人の男子と二人の女子があった。長男の頼家は一族木曾氏と比企《ひき》氏という武士階級の妻のほかに、賀茂《かも》氏から妻を娶っていたが、実朝は正室を京都の公家坊門家から迎える。その理由の一つには、頼朝の死（正治元年〈一一九九〉）、頼家の継承・恣意《しいてき》的な政治とそれに対する御家人《ごけにん》の反発、政子の事態収拾、という経過があった。こうした状況を解決するため、京の院政政権と協調しながら幕府の危機を乗り切る必要に迫られた幕府は、公家政権の中枢《ちゅうすう》から正室を迎えることが必要と考えたのである。実朝の婚姻は元久元年（一二〇四）十月のことであり、この年、実朝は十三歳であるから、この婚姻相手の選定は、これまで言われてきたような実朝自身の好み（貴族趣味）によったとはいえず、母政子の判断による。その証拠に、最初に実朝の正妻候補に上がった足利義兼《あしかがよしかね》の息女について、政子は「御許容に及ばず」としたと『吾妻鏡《あずまかがみ》』にあるからである。御家人として申し分のない足利氏から正室を迎えることに難色《なんしょく》を示したのは、足利氏に不足が感じられたからではなく、頼朝亡きあとの幕府を公家政権の支援で補強し、御家人間の争いに巻き込まれることを避け、将軍家の地位を御家人一般から抜きん出たものにしたいという政子の判断があったものと考える（拙著『幕府を背負った尼御台――北条政子』人文書院、二〇〇三年参照）。

十月十四日、関東から坊門信清《ぼうもんのぶきよ》の娘を迎えるための御家人たちが到着。それは北条時政の子左馬権助《さまごんのすけ》政範《まさのり》を初めとする結城《ゆうき》、千葉、畠山《はたけやま》といった宿老《しゅくろう》たちの一族の若者であった。公家から将軍家の正室を迎えることは、御家人の一致した意思の現れであることを示す。そして坊門信清の娘が出発したのが十二月十日、坊門家からではなかったことに注意する必要がある。出立は兼子の家からであった。兼子は京中の所々に家を持っていたが、この時は岡崎の兼子邸から行列は出発し、その華麗さは例えようもなかった。金銀錦繡《きんぎんきんしゅう》で飾られた輿《こし》には乳母・女房が乗り、唐櫃《からびつ》二つには調度《ちょうど》・衣装が入っていたのであろう。後鳥羽院は法勝寺西の大路《おおじ》に作られた桟敷《さじき》に出てこれを見物している。この行列の盛儀を見ようと集まった人々は雲のように多かったという。この婚儀を実質的に成立させたのは、政子と兼子であったことがよく示されている。

源実朝の婚姻の四年ほど前の正治二年（一二〇〇）、京では怪異・託宣《たくせん》事件がおこっていた。源仲国《なかくに》の妻に後白河

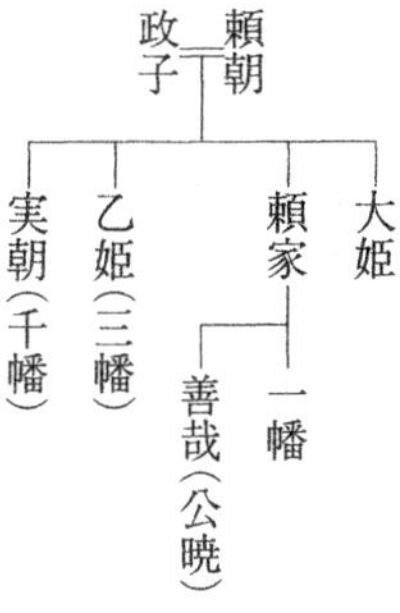

7　源家略系図

法皇の霊が乗り移って、「我を祝え」といったために、かつて後白河上皇の寵姫であった丹後局は、仲国の妻が縁者《えんじゃ》であったこともあって、この託宣を無視できず、おおいに狼狽《ろうばい》したという。

兼子と政子

実はこうした怪異事件は二度目であり、建久七年（一一九六）にも起こっていた。四年前に亡くなった後白河上皇が橘《たちばなの》兼仲《かねなか》の妻に乗り移り、「我を祝え、社を造り、国土をそれに寄進せよ」といったといわれる。橘兼仲の妻は妖言《ようげん》を言いふらしたとして、流罪《るざい》になった。しかし後白河上皇の娘で、以仁王の姉妹でもあった歌人式子《のりこ》内親王が建仁元年（一二〇一）に亡くなったため、世間では怨霊《おんりょう》の仕業《しわざ》ではないかという噂と不安が広がっていた。そこに持ち上がったのが、再び後白河上皇の託宣という怪異事件であったため、人々は動揺し、大方の公卿は御廟《ごびょう》を造って祭ることに傾いた。しかしこれに疑問を挟んだのは東宮大夫《だいぶ》公継《きみつぐ》で、起請《きしょう》後の決定を主張したので、慈円僧正の意見を聞き、後鳥羽上皇はそれを容れて、仲国夫妻を摂津《せっつ》国中山寺《なかやまでら》に籠居《ろうきょ》させることで落着した。この事件の中で、上皇に慈円の意見を取り次いだのが兼子の夫頼実であることが注意される。そして兼子はといえば、後この仲国夫妻を召し使っている。つまり夫婦で、故後白河上皇の託宣という難しい事件を、うまく八方美人的に解決したことがわかる。

頼実の後ろに控える兼子は、かつて後白河院にもかわいがられ、当時後鳥羽院にも仕える女房として、院にも公家にも丹後局にも受け入れられるような解決方法を考え、夫とともに奔走したのではないかと思う。女房としての兼子の実力のほどが推し量られる事件であった。

こうして、実朝の婚姻の年（元久元年〈一二〇四〉）のころ、関東は政子が幕府を事実上率いており、京では後鳥羽上皇を頂点とする公家政権の中にあって、兼子が女房として天皇家と公家階級のほころびを繕う役割を果たしていたのである。

それからしばらくの間は京と鎌倉の両政権間で平和が保たれる。その間に五十一歳の兼子は夫頼実の娘麗子（二十一歳。この人は後、陰明門院と呼ばれる）を土御門天皇の女御《にょうご》として入内させて後夫の面目《めんぼく》を施し（元久二年）、順徳天皇の生母修明門院範子とは従姉妹同士であったため、この人の出産の世話をして、自分の邸宅である京極第で雅成《まさなり》親王を出産させている（正治二年〈一二〇〇〉）。八条院の養女であった春華門院が十七歳の若さで病の身となりついで亡くなるのだが（建暦《けんりゃく》元年〈一二一一〉）、この人の世話を焼いたのも兼子であって、定家の姉妹「健御前」の頼みを聞いて、春華門院に行事への列席を制限させている。後鳥羽上皇の寵姫丹波局はもと白拍子《しらびょうし》で、「石」という名であったが、その人が皇女を産み落とした時、兼子は自ら見舞っている（元久二年）。この他、逆修《ぎゃくしゅ》などの仏事に上皇の御幸《みゆき》を仰いだり、兼子の造った嵯峨《さが》堂に上皇を逗留《とうりゅう》させたりと、日常の御幸・外出にも関与している。このように、後鳥羽院の身の回りに起こるさまざまな私事を、ベテラン女房として次々に公的に処理したり配慮したりするのが兼子の役割であったといえる。

8　藤原南家貞嗣流略系図

- 能兼
  - 範兼
    - 範光
      - 範朝
      - 光子（典侍坊門局）
    - 範子＝土御門通親
      - 在子（承明門院）
    - 兼子（典侍卿二位）
  - 範有
  - 範季
    - 範資
    - 範茂
    - 範子（改重子・修明門院・順徳院母）

政子と兼子が直接対面するのは、政子が熊野参詣《さんけい》のために上洛してきた建保《けんぽう》六年（一二一八）のころからである。政子は弟北条時房と、この年二月二十一日京都に着き、二ヵ月ほど滞在して、四月十五日に帰っている。その間に兼子と政子は何度か話し合っている。そして兼子の取りなしで政子は従三位を与えられた。政子は夫頼朝死去の後、尼になっていたので、鎌倉では長らく「尼御台所《あまみだいどころ》」と呼ばれ尊敬されていた。しかし彼女は官位とは無縁の存在であった。しかるにこの時、いきなり三位に叙されたのであるから、世間には特に公家階級には賛否両論があったのではないかと推測する。出家した人が叙位されるのは、道鏡《どうきよう》（孝謙《こうけん》天皇時代の僧侶）以来例がなく、女叙位は准后《じゆごう》の例はあるがそれ以外はない、といわれた異例の叙位であった。いっぽう実朝はどんどん官位を上げ、この年二十七歳で左大将となっていた。実朝と同じレベルで叙位することが相手を評価する方法であると、朝廷、とくに兼子などは考えていたのであろう。しかし、ここで兼子と政子の考え方の違いが露呈《ろてい》することになる。

従三位叙位の翌日、後鳥羽上皇から対面したい、との申し出が政子方に届いた。それに対して政子は「辺鄙《へんぴ》な田舎にいる老尼が、龍顔《りゆうがん》（天皇の顔を指す。ここでは後鳥羽上皇のこと）にお目にかかっても、なんの利益も有りません。その必要はございません」と断っている。そして寺社参詣の予定を切り上げて、すぐに鎌倉に帰ってきた。四月十五日に断りを入れるやそのまま出発し、二十九日に鎌倉に戻ったのである（前掲拙著参照）。

兼子は朝廷のしきたりに馴染《なじ》んでいたから、政子に高位を与えることが幕府と朝廷の関係をよく保つ方法だと考えたのであろう。しかし政子は官位叙爵《じよしやく》に強い関心を持つ実朝とは違っていた。また、実朝は幕府を代表する立場にあったため、官位を必要とした側面もあったが、政子は後見の立場にあったから、それほど官爵を必要とせず、また官位にこだわる性格でもなかったと考える。この年政子は六十二歳、兼子六十四歳で、ほぼ同年齢の円熟した二人であった。

上皇との距離

官位に対する意識のちがいを乗り越えて、二人の女性の会談は後に実を結ぶ。つまり、関東では二十七歳の将軍実朝に子がなかったので、いずれかの親王を次期将軍として下すとの内約がかわされたと推測される。その約束の上に立ってであろう、実朝が急死した建保七年（承久元年〈一二一九〉）の正月二十七日から約半月後の二月十三日、政子は二階堂行光《にかいどうゆきみつ》を京へ使者として派遣し、上皇の皇子六条宮雅成《まさなり》親王か冷泉《れいぜい》宮頼仁《よりひと》親王か、どちらかを将軍として鎌倉に下していただきたい、と願い出た。宿老たちの連署も添えられた。頼仁親王は兼子の養女「西御方」が生んだ後鳥羽上皇の子である。この頼仁親王は幼少時、同じく兼子が養育した親王でもあった（『愚管抄』）。こうした関東からの動きは、政子と兼子の会談ですでに内諾がついていたからであるとしか考えようがない。『愚管抄』も、兼子が実朝生前にこうした約束をしていたと政子に物語っていた、と記している。兼子は実朝の正室を送り出した本人であるからである。しかしこの案に、後鳥羽上皇は賛成ではなかった。「将来日本国を二分するようなことはどうしてできようか」「ならぬ」と述べたという（『愚管抄』巻第六）。機会があれば幕府を圧迫し、弱小化させたいという思いがあったからであろう。その気配を察して政子は対面を避けたのかもしれない。いずれにしろ、この上皇との対面辞退のころから、上皇と兼子の間にも、意見の食い違いが見られはじめることが知られる。

実朝の鶴岡八幡宮《つるがおかはちまんぐう》での悲劇の知らせが京に伝えられた時、兼子は熊野参詣《くまのさんけい》の途中で四天王寺に着いたところであった。兼子が驚き、京へ帰ろうとしたところ、兼子のもとに上皇の使いが三度も来て、帰洛《きらく》に及ばずとのことであったので、兼子は参詣を続けた。上皇と兼子の対鎌倉観に落差のあることは、ここからもわかる。

鎌倉幕府は皇子の下向要求をあきらめ、摂関《せっかん》家九条家の道家の子頼経《よりつね》を迎えた。この子は西園寺公経《さいおんじきんつね》の孫で、頼朝の妹の曾孫《そうそん》にあたる。姻《いん》族《ぞく》から将軍を迎えたことになる。

9　源家と摂家将軍略系図

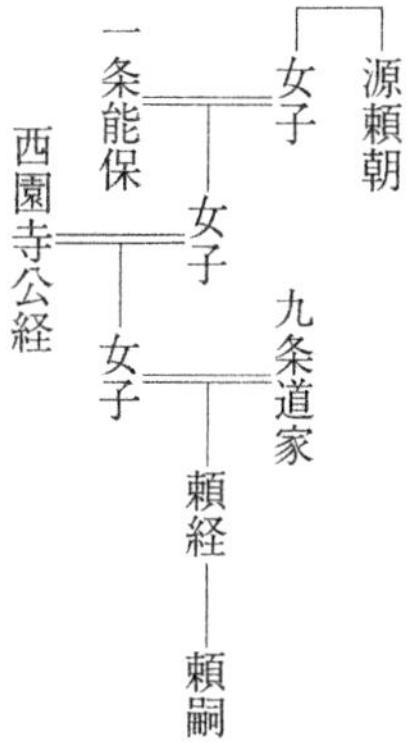

このように、頼朝時代、婚姻で公家と姻戚関係を形成しておいたことが、後になって将軍不在という幕府の窮地を救うことになった。これは頼朝の貴族趣味とばかりはいえない、先見の明《めい》のあらわれと評価できる。それとともに、親族ばかりでなく、姻族

も相寄って助け合う、鎌倉期の人々の気風《きふう》も感じ取ることができる。

わずか二歳の三寅《みとら》（頼経《よりつね》）を擁した政子は、自らを励ましつつ、政治を「聴断」（『吾妻鏡』承久《じょうきゅう》元年〈一二一九〉七月十九日条）する。ところが後

承久の乱

鳥羽上皇はこの事態を幕府の危機と認識し、幕府を倒す好機と見て、承久三年五月、北条義時追討宣旨《ついとうせんじ》を五畿七道《ごきしちどう》に下すのである。しかし合戦が始まると、政子、義時《よしとき》、泰時《やすとき》、時房《ときふさ》らと、宿老たちとの結束は固く、大軍を率いた泰時らの軍勢《ぐんぜい》に上皇方は敗北し、三千余ヵ所の地は上皇方から没収されて幕府方に移る。ここに新補地頭《しんぽじとう》を設置したことで、幕府の基礎はしっかりと固まった（前掲拙著参照）。

この承久の乱を京方から見ると、乱を積極的に起こそうと考えていたのは、後鳥羽上皇と順徳天皇であったことがわかる。順徳天皇は位をその子仲恭《ちゅうきょう》天皇に譲り、上皇となって計画を推進している。順徳天皇はこの年（一二二一年）二十五歳。父後鳥羽天皇の方針に同意して挙兵している。それに対して土御門天皇は消極的であった。そのため京方が敗れると後鳥羽上皇は隠岐に順徳上皇は佐渡に配流《はいる》された。土御門天皇は幕府の処分を逃れたが、自ら父や弟と同じ境遇を甘受《かんじゅ》することを望み、土佐に配流され、その後阿波《あわ》に移り、そこで亡くなっている。

土御門天皇の母は藤原在子で兼子の姪であり、順徳天皇の母は藤原範子（重子）であって、兼子の従姉妹であることは先に見た。兼子が土御門天皇の乳母格であったことと、兼子が幕府に親近感を持っていたこと、そして実朝の死のころから後鳥羽上皇とは息が合っていない点が見られることなどを考え合わせると、土御門天皇や兼子は、慈円と同じく、幕府と合戦することの非を悟りつつも、後鳥羽天皇の行動を阻止できなかったのではないか、と思われる。

後鳥羽上皇の二皇子である六条宮と冷泉宮は但馬《たじま》と備前に流された。兼子の従兄弟で、順徳天皇の叔父にあたる範茂《のりしげ》は、乱の張本人とされ、殺される。順徳天皇の生母・範子の兄弟である。これら範子、範茂は順徳天皇の母方として、血縁的に近いところにいたためであろう。実朝の妻の兄坊門忠信《ただのぶ》は京方の「大将軍」となっていたのだが、妹が実朝の正室であったことに免じて、政子が許し、流罪に決定している（『吾妻鏡』八月一日条など）。しかるに兼子はそのまま京でその後八年の寿命を全《まっと》うする。このように公家や天皇家で明暗を分けたのは、鎌倉幕府との、特に政子との親密度の濃さ、つまり幕府にそれまで好意を寄せたかどうか、によって承久の乱後の運命が決まったといえる。

順徳天皇の乳母

ここで順徳天皇とその乳母について簡単に触れておこう。天皇は後鳥羽天皇の皇子として建久八年（一一九七）に生まれた。母は従三位式部少輔藤原範季《のりすえ》の娘範子（後、重子）である、乳母は又従兄弟の藤原憲子《のりこ》である。憲子は「岡崎別当三位」と呼ばれた。順徳天皇は母が後鳥羽天皇の寵愛を得ていたこと、幼いころより利発であったことから、一年後に親王、四歳で皇太弟に立てられ、承元《じょうげん》四年（一二一〇）践祚《せんそ》している。中宮は藤原立子《りっし》、そのほか内大臣藤原信清の娘位子《いし》、従三位藤原清季《きよすえ》の娘、それに乳母憲子の妹（源通光の妻・督典侍《こうのすけ》）との間に子供が誕生した。順徳天皇の周りはこのように藤原範子の家系や、乳母の藤原憲子姉妹がガードしていたのである。同じ藤原氏とはいえ、兼子夫妻が後鳥羽、土御門両天皇を守っていたのとは別系統の人々であったことがわかる。

承久の乱後の兼子

承久の乱は公家階級に大きな変化をもたらした。三上皇が京からいなくなったので、院は後鳥羽上皇の兄でかつての三宮が後高倉院として院政を敷き、その子が後堀河天皇として天皇の位に就いた。後高倉院の妃で、後堀河天皇の生母である北白河院（藤原陳子《ちんし》）は、西園寺《さいおんじ》家の出身であり、西園寺家は承久の乱で幕府方に味方した公家であるから、乱後羽振りがよくなったのも当然である。天皇の姉邦子《くにこ》（安嘉門院《あんかもんいん》）は後堀河天皇の同母の姉ではあるが、天皇の准母《じゅんぼ》とされ、皇后と尊称される。そして、父後高倉院が院政を始めてから二年後の貞応《じょうおう》二年（一二二三）に亡くなると、父から安楽寿院《あんらくじゅいん》等の御願寺《ごがんじ》や、もと八条院が相続していた膨大な所領を譲られるのである。

西園寺家は藤原北家《ほっけ》の流れで、公経の娘が最初の摂家将軍となった九条頼経の母であったため、九条家と並んで承久の乱後は大いに勢力が増す。公経は承久の乱時は「囚人の如く」後鳥羽上皇方の軍に扱われた（『吾妻鏡』承久三年六月八日条）が、その苦労が報われ、乱後太政大臣となり、北山に別荘を営んだ。ここに西園寺を造営し、その名を家名《かめい》にしたのである。鎌倉後期には歴代天皇の外戚を独占し、太政大臣と関東申次を歴任するのである。安嘉門院に使えた女房の一人が「四条」。後の阿仏尼《あぶつに》である。こうして、承久の乱後は院、天皇は幕府の意向を重視せざるをえなくなり、また公家階層も勢力地図はすっかり変わったのである。

嘉禄《かろく》元年（一二二五）七月、兼子の夫頼実が亡くなった。七十一歳であった。頼実は順徳天皇の東宮傅であったから、承久三年（一二二一）に天皇になってからは、役目を終え、すぐに承久の乱となったため、政界から身を引いていた。同年同月に鎌倉では北条政子が亡くなっている。六十九歳であった。そして寛喜元年（一二二九）兼子が亡くなる。八月十六日のことで、兼子は七十五歳であった。政子と兼子はまさに同じ時代を生き、東国と西国《さいごく》を代表する女性であったことがわかる。

　兼子は死の直前に遺産の配分をし、家中の雑物の目録も書かせていた。中世には男女を問わず譲状は本人が書き、本人の意志で所有財産を処分していたことがわかる。兼子の場合、遺産は修明門院《しゅめいもんいん》（範子、従姉妹で順徳院の母）を初め、陰明門院（麗子、大炊御門頼実の娘、兼子の後夫の連れ子、土御門天皇の中宮）、綾小路宮（養君）、坊門局（光子、兄範光の娘、元按察局《あぜちのつぼね》）、大宮殿（坊門信清の娘、後鳥羽院女房）、権中納言実基《さねもと》（大炊御門頼実の子頼平の女婿《むすめむこ》）、その妻室《さいしつ》（頼平の娘）などに広く配分されている。従姉妹、姪、夫の連れ子や孫、養君に養女と、血縁の近い遠いに関わらない配分であることが注目される。特に坊門信清の娘「西御方」に、荘園を二ヵ所譲与したのは、彼女が後鳥羽上皇に従って隠岐《おき》にいたことからわかるように（『明月記《めいげつき》』寛喜《かんき》元年八月十九日条など）、後鳥羽上皇の恩に報いるためであったと思われる。親族にだけ所領を配分するのではなく、養子・養女という次世代のひとばかりか、ご恩を受けた養君やその女房に対して財産を分かって、次の時代に役立てることを念じたのであろう。こうした配分の状況は、兼子が私利私欲のために乳母となったのではないことをよく示している。

兼子の人となり

やはり同時代人で公家の九条家の出身である慈円が『愚管抄』の中で、鎌倉三代将軍実朝時代を記述している中に「此イモウト（政子）セウト（義時）シテ関東ヲバヲコナイテ有ケリ、京ニハ卿二位ヒシト世ヲ取タリ、女人入眼ノ日本国イヨイヨマコト也ケリト云ベキニヤ」（巻第六）とあるのは、兼子の真摯《しんし》な女房としての姿を捉えたものであったと思う。慈円の表現は当を得たものであったのではなかろうか。後鳥羽院の政治の善し悪しにもかかわらず（それに賛同していたかどうかにかかわらず）、女房づとめを始めてより以来亡くなるまで、乳母そして女房としての務めを貫いた人、それが兼子であったと考える。

兼子の一生を振り返ると、まず後白河院や八条院の前に祗候《しこう》して、かなり重要な位置にいたことが、その後の急激な昇進の原点であったように思う。院や女院の側近く仕え、機密を知っても漏らす恐れのない、信頼できる女房として兼子は頭角《とうかく》を現した。そして土御門天皇の乳母となり、後鳥羽院の信頼を得て、院への取次ぎを役割とする高い位置を獲得する。この時代に、院のもとにもたらされる重要事項を取次いだため、それに関わる人々から、また官位昇進を狙う全ての人々から、賄賂《わいろ》を送られる身となったのであろう。しかし兼子の政治関与は賄賂に左右されるものではなかった。それは藤原定家が『明月記』の中で、卿二位は「成敗分明《せいばいふんみょう》」であったと明言していることでもわかる。兼子の政治関与は後鳥羽上皇の政治によかれと思うことは「ヒシト」果敢に実行するという、明快な関与の仕方であったと考える。

また兼子が鎌倉幕府と院との間を取り持ち、協調平和路線を追求した功績は、忘れてはならない。兼子は後鳥羽上皇の方針転換にかかわらず一心に仕えたが、院の意向は承久の乱前から兼子の追求した関東との協調路線とは異なる方向に進み、乱の勃発《ぼっぱつ》を見た。しかし乱後にも兼子は後鳥羽上皇の恩を忘れず、院の側に仕える「西御方」に遺産を配分するやさしさをみせたのである。

兼子はその集積した大きな財や所領を、親族・養女それに養君などに広く配分した。女房としての務めによって得た財産であったことをよく理解しての配分であったように思えてならない。

阿仏尼とその乳母

中世前期（院政期《いんせいき》・鎌倉期）の公家《くげ》の乳母の姿を示す史料は多くはない。公家の日記に散見する程度である。そのため公家日記を素材にしつつ論じてみる。

阿仏尼の出自

『十六夜日記《いざよいにっき》』を残していることで名高い阿仏尼《あぶつに》ではあるが、父母の名は残っておらず、平氏の一族である平度繁《のりしげ》の養女であったことが日記からわかる。生まれたのは貞応《じょうおう》元年（一二二二）ごろと推定されており、いつのことか判明しないが、平度繁の養女になっている。十代のころ、安嘉門院邦子《あんかもんいんくにこ》内親王（後高倉上皇の皇女）に初めて出仕し、その邸宅持明院殿《じみょういんどの》で女房として仕えた。阿仏尼のもう一つの作品である『うたたねの記』は「安嘉門院四条《しじょう》」という女房名で書いた回想記である。この時代、彼女は初め「越前《えちぜん》」、ついで「右衛門佐《うえもんのすけ》」そして「四条」の名で、内裏《だいり》のすぐ北東の北山にあった持明院《じみょういん》に仕えていた。姉や妹も安嘉門院に仕えたという。早くから和歌の才能に恵まれていたようで、安嘉門院右衛門佐の名で『続古今集《しょくこきんしゅう》』に、四条の名で『続拾遺集《しょくしゅういしゅう》』に歌が採択されている。この宮仕え時代に経験した恋や、それに破れての出家、養父に連れられての遠江《とおとうみ》への旅と帰還について記したのが『うたたねの記』である。

十代から二十代にかけてと思われる時期の経験と感慨を記した阿仏尼の『うたたねの記』の中に、乳母に関する記述がある。この日記を史料に、公家の乳母について検討してみる。失恋と出家を経験した彼女に、養父の度繁は任地から都に上《のぼ》った際、慰めにもなるかと、遠江への同行を誘う。十月の下旬に出立《しゅったつ》し、途中の景色を楽しみながら遠江に着いたが、十一月の末、都から手紙がたくさん届いた中に乳母の手紙を見つける。乳母は「はかなくも見捨てられて、心細かりつる思ひ」のため病気になり、今や最期《さいご》をむかえていると、「鳥の跡のやうに」書いてよこした。これを読むと居ても立ってもいられなくなり、彼女は「よろづを忘れて急ぎ上りなんとする」のであった。

阿仏尼の乳母

女房づとめをする公家の女性にも、一般に乳母が付けられるのが慣例であったことが、この部分から読み取れる。乳母になった女性の出自《しゅつじ》は、公家階層よりは下の者であったことは、文字・文章の書き方が「鳥の跡のやう」という読みにくいへたなものであったことによってわかる。このような乳母は、主人が居所を離れると、生活にも困るようになったのであろう。しかし主人との絆《きずな》は固く、その絆こそが四条の都への帰還という後半生を導く重要な契機になったのである。授乳、子育ての時代を過ぎても、乳母と養君との間に実の親子にも等しい絆が形づくられていたことがわかる。そしてその絆は乳母の生活を一生支えるほど強いものであったようである。

四条が都のもとの家に帰ってみると、何ヵ月も経っていないのに、一層荒れた感がした。年老いた乳母は病が快方《かいほう》に向かったように見えた。「憂《う》き身を誰ばかりかうまで慕はむ」と乳母がますます哀れになった、という。「辛い私のことを、他の誰がこうまで慕ってくれようか」という四条の感慨は、乳母を持つ公家の女性の多くに共通するものであったと思われる。主人の境遇の変化や感情の落ち込みを理解し、やさしく実母のように包んでくれる人、それが乳母であったことを、『うたたねの記』は表現している。それと同時に、乳母というものは、養君が成長しても、ずっと主君の家に仕える者であったこともわかる。

10　描かれた阿仏尼の姿

特に単身の乳母なら、老後も今までどおり主人の家で過ごすのが普通であったのではないかと思う。

所領訴訟

四条はその後和歌の家として名高い藤原為家《ためいえ》の「秘書的な立場」になった（福田秀一『国史大辞典』阿仏尼の項）とされる。それは建長《けんちょう》五年（一二五三）、三十一歳ころのことといわれる。そして為家の側室となった彼女は、為相《ためすけ》、為守《ためもり》と一女を生み、夫とともに嵯峨《さが》に住んだ。夫為家は所領播磨《はりま》国細川荘を正室《せいしつ》の子為氏《ためうじ》に譲ったが、四条の要望を容《い》れて四条の子為相に譲ろうと、悔返《くいかえ》している。しかし為家が建治《けんじ》元年（一二七五）に亡くなると、為氏は細川荘や和歌に関する文書類を四条方には渡さなかった。そのため後家となった阿仏尼は弘安《こうあん》二年（一二七九）鎌倉に下って幕府に訴えようと決心し、東下《とうか》する。その時の日記が『十六夜日記』である。阿仏尼は幕府の判決の出るのを待たず、六年に没してしまうのである。

この細川荘は、現在の兵庫県三木市にあり、細川町という地名の部分が細川荘に比定《ひてい》されている。本家は八条院建立の蓮華心院《れんげしんいん》であり、藤原俊成《しゅんぜい》が領家職《りょうけしき》をもっていた。領家職は俊成から娘の九条尼《くじょうに》へ、そして弟の定家へと譲られた。定家は源実朝からこの地の地頭職《じとうしき》も拝領したので、領家職と地頭職を合わせて、一円所領《いちえんしょりょう》として強い支配権をもつことが可能であった。したがって細川荘は藤原定家家にとって最も重要な所領であったのである。細川荘に入って犯人を捕縛した検非違使《けびいし》後藤基清が刈田狼藉《かりたろうぜき》の嫌疑と合わせて九条尼から訴えられ、後鳥羽上皇の仲介で和議を結んだのも、定家の和歌の才能に負うところが大きいことがわかる。定家は子為家にこの地を譲り、為家は為相に譲与して、為相は安嘉門院からこの地の預所に補任されている。しかし為家の死後為氏（二条家）と為相（冷泉家）の間に地頭職を巡って相論が起きる。為相の母阿仏尼が関東に下ったのはこの訴訟を勝ち取るためであった。

細川荘の為相への伝領が幕府によって認められるのは阿仏尼の死後、正和《しょうわ》二年（一三一三）の「関東下知状《げち》」によってである。以後細川荘は鎌倉期から室町前期応永年間（一三九四―一四二八）まで冷泉《れいぜい》家に所持され、その後は冷泉家の分家下冷泉家に相続される。

和歌の家の継承

阿仏尼は『十六夜日記』に多くの短歌と長歌を残している。和歌の才能が特別にすぐれた人であった。夫為家とはかなり年齢が離れているのに、為家が妻と選んだのはその歌の才の素晴らしさによるのであろう。為家は関東御家《ごけ》人《にん》の宇都宮頼綱《よりつな》の娘を妻とし、頼綱から嵯峨中院の別荘を譲り受けるなど、関東武士の社会とも深い結びつきがあった。また為家の実母（定家の後妻）は西園寺実宗《さいおんじさねむね》の娘で、大納《だいな》言《ごん》という高い地位にある家の出であったから、その引き合いで、承久の乱後、後嵯峨上皇の勅による『続後撰和歌集《しょくごせんわかしゅう》』の撰者になった。激動の時代を生き抜くためには、中小公家は武士と接近することも必要であり、また上層の公家や院、女院《にょいん》の庇護《ひご》を受けることが必要であった事情をよく反映している。

四条三十一歳の建長四年（一二五二）後嵯峨院に仕える女房「大納言典侍《てんじ》」（御子左《みこひだり》家の娘）が『源氏物語』の書写《しょしゃ》を四条に依頼してきたのがきっかけで、その娘と知り合い、翌年には娘の父為家に入門して学ぶうちにその秘書的な立場になっていった。為家の秘書的立場は二十年以上にも及んだという。こうして和歌の才能に一層の磨きをかけた四条は、和歌の家の相続には子の為相側に立って訴訟《そしょう》の旅まで行なうが、和歌の相伝《そうでん》については御子左家の流れのうち京極家の為子《ためこ》・為兼《ためかね》姉弟の和歌を添削《てんさく》するなど、実子為相・為守と同様によく面倒を見ていた。為子らは四条と夫が住む嵯峨の中院《なかのいん》山荘によく出入りしていたようである。このような事実を見ると、「和歌の家」御子左家が無理なく子孫へと継承されたのには、四条の力がそうとうに預かっていたと言わざるをえないのではなかろうか。為家は四条が熱心に子どもたちに和歌を教えるのに対して「そらねぶりして彼（四条）の申すままにて侍《はべ》りける」（『源承和歌口伝』）とあり、四条に子どもや孫の世代の和歌教育を任せていたふしがあるからである。それに、四条が阿仏尼として鎌倉に下った時も、為子・為兼は餞《はなむけ》の和歌を四条に送っているのである。「歌の師」として阿仏尼を仰ぎ見ていたことがわかる。阿仏尼は、「和歌の家」御子左家に対してその本業の上で大きな貢献をし、歌道の継承のために努力した人であったことを忘れてはならないと思う。

鎌倉将軍家の乳母

源家の乳母たち

初期の源家

武家政権としての鎌倉幕府が成立するのは文治《ぶんじ》元年（一一八五）の文治地《じ》頭《とう》設置あるいは建久《けんきゅう》三年（一一九二）の源頼朝「征夷大将軍《せいいたいしょうぐん》」拝命時点であるとされる。武家政権としてはその前に平氏《へいし》政権があったが、長期安定的な武家政権としては鎌倉幕府が最初である。本章ではその鎌倉幕府の創草期の源家の乳母《うば》を取り上げ、北条氏など武士階級との関係を検討する。

院政期《いんせいき》から鎌倉期にかけての源氏の系図は図11のようになる。

11　源頼義の子孫

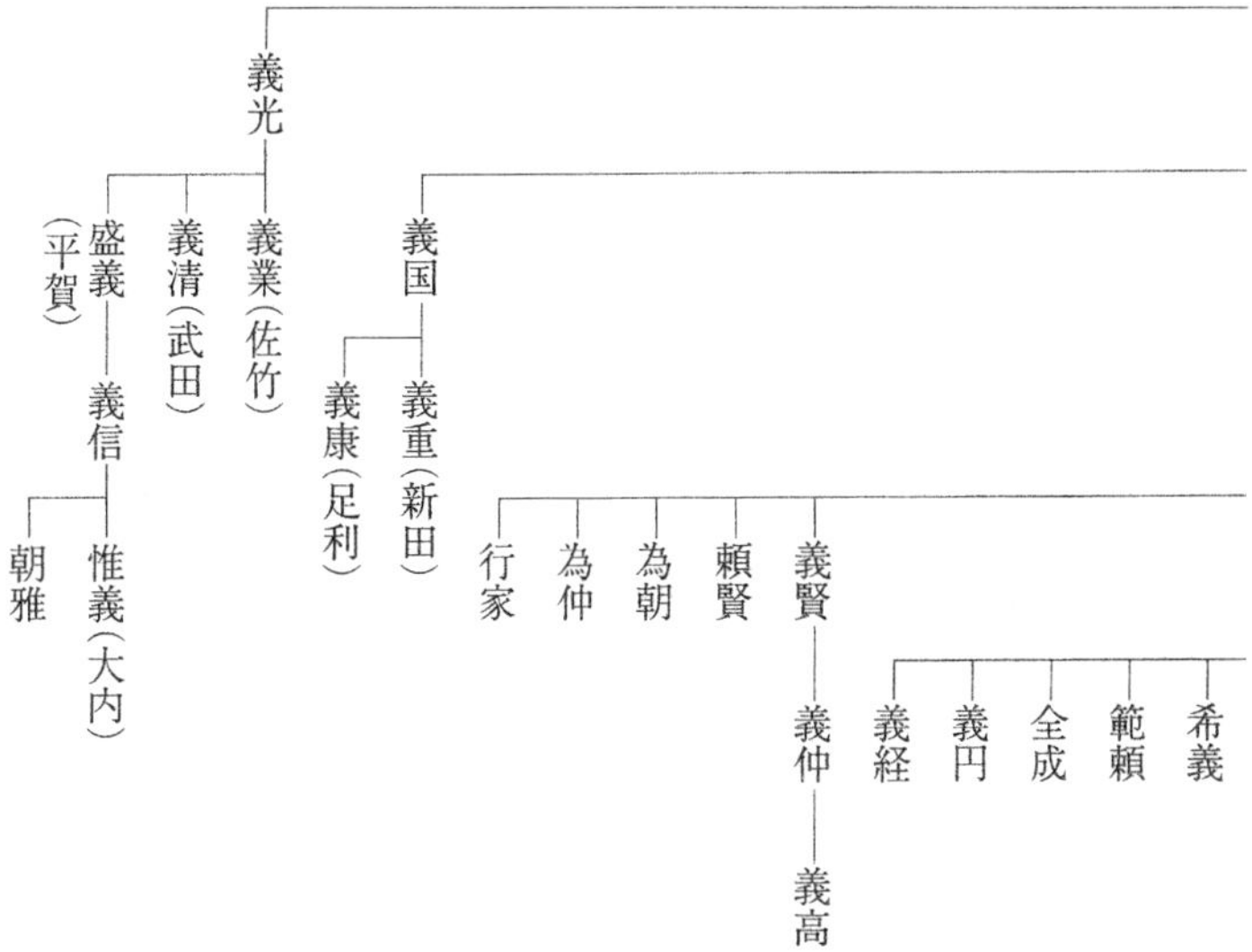

源頼義《よりよし》は河内《かわち》源氏と呼ばれる頼信《よりのぶ》の子であり、頼義の子義家《よしいえ》は院政期随一の「武者《むしゃ》」であった。ただし義家の時代、源氏の官位はまだ低く、左馬尉《さまのじょう》、左衛門尉《さえもんのじょう》、左近将監《さこんしょうげん》など中級公家の官職しか得られなかった。しかし前九年の役（一〇六二年）を父と共に平定《へいてい》し、後三年の役（一〇八三―八七）を苦労を重ねて平定した功によって、源氏の棟梁《とうりょう》として信望を集め、所領の寄進《きしん》も相次ぎ、関東を源氏の地盤とするのに多大の功績を残した。

この時代の乳母については確実な史料が得にくいが、後世に物語られた中に登場することが多い。その一例として、源義家の乳母子雲上《うんじょう》後藤内範明《ごとうないのりあき》がある。範明の曾孫《そうそん》が『源平盛衰記《げんぺいせいすいき》』に登場する。「八幡殿ノ乳母子ニ、雲上後藤内範明カ三代ノ孫、後藤兵衛範忠ト申者ナリ、判官ハ昔ノヨシミ思ヤラレテ、年来山林ニ隠居テ候ツルカ、源氏ノ御代ニ成セ給ト承テ参タリトソ申ケル、殊ニ哀ニソオホサレケル」（巻四十二）とある。屋島《やしま》の合戦《かっせん》に義経《よしつね》のもとに駆けつけた武士の一人がこのように名乗ったのであり、この武士は後藤範忠《のりただ》といい、曾祖父が源義家の乳母子であったという由緒《ゆいしょ》によって馳《は》せ参じたのだという。四代前に乳母を出した家の子孫がその関係を重視して、いざという時に見ず知らずの主君のもとに駆けつけているのである。乳母と養君の関係が、極めて美しい擬制《ぎせい》的《てき》親子関係でありまた主従関係でもあったことを示している。このように三代も四代も後々まで擬制的親子関係が繰り返され、そのことによって主従関係が積み重ねられていくというのは、公家には見られない、武士階級ならではの特徴であると思う。ただし、こうした、乳母子の子孫が、はるか後世にもとの主君の子孫に仕えるという姿に脚色されたのは、源平合戦期ではなく、『源平盛衰記』のつくられた鎌倉後期以後であるという点には注意が必要である。

擬制的親子関係の典型

義家の曾孫が義朝《よしとも》である。義朝の時代になると鎌倉を拠点としており、父為義《ためよし》が検非違使《けびいし》となって六条堀川に住み「六条判官《ほうがん》」と呼ばれたのとは異なって、源氏は武士団の長として関東で大きな勢力を持っていた。しかし中央政局では平清盛《きよもり》に圧倒され、平治《へいじ》の乱（一一五九年）で敗れて、逆に平氏の全盛期を現出してしまうことになる。義朝は尾張《おわり》に敗走中、長田忠致《おさだただむね》に殺された。

摩々局

この義朝の乳母の一人は摩々局《ままのつぼね》という。源義朝は保安四年（一一二三）の生まれである。摩々局は建久三年（一一九二）に義朝の嫡子《ちゃくし》頼朝の前に現れ、九十二歳であると述べているので、康和三年（一一〇一）ごろの生まれであったと思われる。とすれば二十三歳のころ源義朝の乳母であったとみて誤りはない。授乳し養育する乳母として義朝に仕えた人であったと考えられる。

局は二度頼朝の前に登場する。最初は文治三年（一一八七）六月のことである。平氏は亡び、頼朝の当面の敵は奥州《おうしゅう》に逃れた義経とそれを援助した藤原氏である、という段階である。六月十三日に父義朝の乳母摩々局が参上すると、頼朝は御前に召して昔のことを話し、涙を流した。摩々局は平治の乱で源義朝が平清盛と藤原通憲《みちのり》（信西《しんぜい》）に敗れたあと、「牢籠《ろうろう》」（地位を失い困窮すること）し、義朝が尾張で殺されたこともあって、京から相模《さがみ》国早川荘に下向《げこう》したという。今は荘内の田地七町の作人《さくにん》となって細々と暮らしているとも述べた。それを聞いた頼朝は彼女の田地を永く「領掌《りょうしょう》」するようにと、安堵《あんど》したのである。この年、局は八十七歳であったと考える。

二度目は建久三年（一一九二）のことである。この年の二月、局は頼朝の御前に「淳《じゅん》酒《しゅ》」を持って現れた。九十二歳の局は「余命いくばくも有りませんので、お目にかかりにやってまいりました」と述べている。頼朝も父の乳母の再度の来訪とあって、特に感動したという。「望むところがあれば、何でも叶《かな》えてあげよう」と頼朝がいうと、局は「住んでいる早川荘内の知行《ちぎょう》地の課役《かやく》を免除するよう惣領《そうりょう》に仰って下さいませ」と望んだので、頼朝は相模国早川荘内に三町の新恩給地を与えた上、課役免除の願いも聞いてやった。つまりもとの七町の田畠に加えて三町、合計十町の田畠を与えられたことになる。この時、土肥《どひ》弥太郎遠平《とおひら》に下知《げじ》している点から見て、このころ、早川荘の惣領《そうりょう》地頭は土肥（小早川）遠平であったことがわかる。もともと足柄下郡土肥郷（現湯河原町）を本拠地としていた土肥氏（小早川氏）が遠平の代にはこの荘（早川荘）にまで勢力を拡大していたことがわかる。早川荘は早川流域から酒匂《さかわ》川の西、狩野《かの》川の南まで広がる広大な荘園であり、十二世紀初めには牧から荘園となっていたようで、源頼朝は治承《じしょう》四年（一一八〇）早川本荘を箱根権現《ごんげん》に寄進している（『吾妻鏡《あずまかがみ》』）。それから約二十年後の建仁《けんにん》二年（一二〇二）、下地《したじ》が中分《ちゅうぶん》されて半分の田地百四十町六反は預所土肥遠平の支配を停止し、箱根権現に寄進されている。土肥氏は摂関《せっかん》家領の預所であったらしい。したがって土肥氏は地頭として残りの半分の地を知行することが認められたのであろう。早川荘が二百八十町にも及ぶ大荘園であったことがわかる。荘内には風祭《かざまつり》郷、田子《たこ》郷一得名《いっとくみょう》、長尾《ながお》名、久富《ひさとみ》名、小田《おだ》原《わら》、池上《いけがみ》などがあった。摩々局が頼朝の前に現れたのは中分以前であるから、義朝の乳母をつとめたこの人が土肥一族の者であったかどうかわからないが、義朝死後この地に帰ることができた点から考えて、土肥一族中の女性であったとみた方が自然であると思う。

源頼朝の乳母とその周辺

四人の乳母

義朝《よしとも》の嫡子《ちやくし》頼朝《よりとも》の乳母は四人まで判明している。摩々尼《ままのあま》・山内尼《やまのうちのあま》・寒川尼《さむかわのあま》・比企《ひき》尼《のあま》の四人である。その内の一人の乳母は、頼朝の子供時代、三歳の時、清水寺に参籠《さんろう》し、嬰児《えいじ》頼朝の将来が輝かしいものであるようにと祈っていたところ、「二七箇日」（十四日）後に夢のお告げとともに二寸の銀の正観音《しようかんのん》像を得た、という。その像を頼朝は大事に所持しており、治承《じしよう》四年（一一八〇）の石橋山合戦で苦戦していた時、頼朝は髻《もとどり》の中に入れていたこの正観音を取り出して岩窟《がんくつ》の中に安置し、その由来を土《ど》肥《ひ》実平《さねひら》らに説いたのであった。頼朝三歳の時といえば頼朝が久安三年（一一四七）生まれであるから、久安五年ということになる。そのころ京にいた乳母はだれなのか、後に考察してみる。

摩々尼

摩々尼は先述の摩々局の娘であると推定される（拙著『日本中世の女性』吉川弘文館、一九八七年）。摩々が『吾妻鏡《あずまかがみ》』に登場するのは一ヵ所に限られる。養和《ようわ》元年（一一八二）閏二月七日条には「武衛《ぶえい》（頼朝）が誕生された時に御乳付に召された青女《あおおんな》（今は尼、摩々と号す）は相模国早川荘に住んでいるが、御憐愍《ごれんびん》の情によって、彼女の屋敷田畠は相違があってはならないと惣領地頭に仰せ含められた」（原漢文）とある。頼朝誕生時に乳を与えたとすれば、久安三年（一一四七）ころに若く、授乳できる、まだ「未熟な」（青には未熟の意がある）女性であったことになる。この頼朝の乳母であった摩々と先述の摩々局を同一人とする説は根強く存在し、早くは西岡虎之助《にしおかとらのすけ》氏が「父義朝乳母であって、また頼朝の乳付けとなった摩々局をふかくいたわり」と述べている（『日本女性史考』新評論社、一九五六年）。しかし私見では別人であると考える。まず第一の理由として、康和三年（一一〇一）ごろの生まれの義朝の乳母である摩々局は、頼朝生誕時には四十七歳であり、乳を出すことは不可能である。第二には、義朝の乳母という大功労者であった彼女が、「青女」と呼ばれたはずはない。従って、摩々局の娘摩々が二十代でちょうど頼朝の乳母として召されたのであると考える。母娘であるから、居所も同じ相模国早川荘なのである。娘摩々は養和元年ごろには五十代から六十代であるから、尼と呼ばれるのにふさわしかったと考える。さらに、摩々が登場するのはこの養和元年の条ただ一ヵ所である。そして、しばらくして文治三年（一一八七）、建久《けんきゅう》三年（一一九二）に登場する乳母「摩々局」にはわざわざ「故左典厩御乳母」という語を「字摩々局」に冠《かん》している。それは摩々と区別するためであると考える。頼朝の乳母摩々が尼になってから養和元年（一一八一）に頼朝に拝謁《はいえつ》して、早川荘の田畠屋敷を安堵《あんど》され、その後文治三年、建久三年にその母で頼朝の父義朝の乳母であった高齢の摩々局が二度頼朝に拝謁したので、頼朝はさらに新恩給地も加えて安堵した、というのが事実であったと思う。

摩々局―摩々尼の母娘が義朝―頼朝父子の乳母であったことになる。こうした乳母が二代あるいは三代続くということは、武士階級でもめずらしくはない。摩々局が土肥一族の女性であったとすれば、乳母の一族はこぞって男女共に、源義朝―頼朝父子を主君と頼んでいたことがわかり、土肥実平の、源氏に対する頼朝の旗揚《はたあ》げにすぐ呼応しての献身ぶりも理由付けられると考える。

頼朝の誕生は先述のように久安三年（一一四七）である。これは平治の乱以前であるから、義朝―頼朝父子、摩々局―摩々（尼）母子は京にいたことになる。清水寺へ乳母が詣でることは可能である。したがって先に問題として残した正観音像を得て頼朝に託したのは、摩々局か摩々尼であったことになる。

寒川尼

頼朝の乳母として挙げられる第二の女性は「寒川尼」である。彼女は宇都宮（八田）宗綱の息女で、小山政光《おやままさみつ》の妻である。小山政光が持つ根本所領が寒川御厨《みくりや》で、この別称が小山荘であるため、この地に屋敷を持つ小山氏の妻は「寒川尼」とも呼ばれたのであろう。

治承四年（一一八〇）十月、頼朝の元には駿河《するが》・遠江《とおとうみ》等の軍士が参集し、三万余りの軍勢に膨れ上がっていた。これらの精兵を率いて武蔵国に赴いた時、この乳母「寒川尼」が鍾愛《しょうあい》（深くかわいがっている）の末子を連れて隅田宿《すみだじゅく》までやってきた。頼朝は御前に尼を召して昔のことを話している。尼はその愛する末子を頼朝の側近く奉公させたいと望んだので、頼朝はその子を召し出し、自ら元服《げんぷく》させ、烏帽子親《えぼしおや》になっている。これが小山七郎宗朝《むねとも》（後朝光《ともみつ》と改む）、十四歳である。この年齢から考えると、政光の妻は仁安二年（一一六七）に朝光を生んだことになる。小山朝光は小山氏から分かれる結城《ゆうき》氏の祖となる人物である。結城朝光は母の期待通り、その後頼朝の側近《そっきん》として武でも文・弁舌《べんぜつ》でもよく仕え、恩賞も大きなものを拝領、頼朝の死後は幕府の宿老《しゅくろう》や評定衆《ひょうじょうしゅう》の一員にも数えられる。

母と烏帽子親頼朝の眼鏡《めがね》に狂いはなかったことになる。乳母と養君の関係は、養君と乳母子の、烏帽子親子という関係となって再生産されたことがわかる。乳母や烏帽子親という擬制的親子関係は、こうして男女を問わずさまざまなかたちで継承・再生産されていったのである。

寒川尼は小山政光の妻である。政光の子としては、小山氏を継いだ惣領朝政《ともまさ》や長沼氏を称した宗政《むねまさ》、それに結城氏となった朝光などがあった。中でも朝光は尼の実子であったのか、後半生《こうはんせい》は朝光と一緒に住んだようである。小山政光は小山荘の地頭《じとう》で、武蔵国太田荘から下野国小山郷に入部し、方二町の館を構えて、在庁官人の地位を利用しつつ開発につとめ、知行《ちぎょう》国主後白河院に寄進《きしん》し、院は小山荘を伊勢神宮の長日御幣供料所《ちょうじつごへいくりょうしょ》として寄進したので、寒川御厨が成立した。このように政光は下野国の大領主であったので、頼朝から下野国守護に任じられている。

文治三年（一一八七）、尼は小山朝光（結城朝光）の母として再び頼朝の前に現れる。頼朝が烏帽子親になってから七年後である。この時尼は下野国寒川郡と網戸《あじと》郷を頼朝から与えられている。その理由を『吾妻鏡』は「是れ女性《にょしょう》たりといえども、大功あるによって」（文治三年十二月一日条）と記す。頼朝の乳母としての功績は高く評価されたことがわかる。寒川尼が網戸尼とも呼ばれるのはこの時からである。郡と郷を与えられた寒川尼の子孫は、小山朝光を経て、寒川氏と網戸氏に分かれる。

文治三年段階には夫は健在である。夫政光は入道《にゅうどう》はしていたが元気であった。しかるに治承四年（一一八〇）にすでに「寒河尼と号す」の注記があり、文治三年（一一八七）に「政光入道後家」の注記があることが注目される。注記部分は『吾妻鏡』執筆当時つまり後世の記入であるからなのであろう。

では夫が健在なのになぜ寒川郡と網戸郷が妻に与えられたのかを考えると、妻の乳母としての功の大きさによるとしか考えようがない。頼朝とあまり年の違わない乳母ではあったが、乳母本人と共に夫の、一族をあげての頼朝への後援が目ざましかったからなのであろう。

安貞《あんてい》二年（一二二八）二月四日、寒川尼（網戸尼）は亡くなっている。北条政子《ほうじょうまさこ》も三年前にこの世を去っていた。尼は長寿でこの年九十一歳であったという。だとすれば保延四年（一一三八）生まれということになる。久安三年（一一四七）生まれの頼朝の乳母になったのであるから、十歳の時、頼朝誕生時に乳母になったのか、そののち、仁安二年（一一六七）の朝光出産以前に青年頼朝の後見役として乳母になったのかは不明である。この人が寒川尼と呼ばれている点から考えると、寒川郷はもともと夫の所領であるから、小山氏と婚姻後に乳母として出仕したとみた方が妥当であろう。この女性に対しては頼朝・政子は「殊に重んぜしめ給う」と記されている。頼朝の乳母としての功績は正室《せいしつ》政子にも重いものとして讃《たた》えられたことがわかる。それと共に、政子が頼朝死後も頼朝の意向を尊重し、その思いを継承していたことも読み取れるのである。

比企尼

頼朝の三番目の乳母は比企尼である。この人は比企能員《よしかず》の叔母に当たる女性である。尼の娘は寿永《じゅえい》元年（一一八二）八月十二日に生まれた政子の長男頼家の乳母に、即日指名されている。尼の娘はこの時すでに河越太郎重頼《しげより》の妻になっていた。授乳を主たる役目とする乳母として指名されたものと考えられる。なぜなら頼朝夫妻の召しによってやってきた尼の娘は「御乳付《おんちつけ》」に候《こう》ず、と記されているからである。比企尼が頼朝に乳母として仕えたように、誕生したばかりの頼家にも比企尼の娘が献身的に授乳し、養育を担当することが期待されたと考える。頼朝にとっては気心《きごころ》の知れた信頼できる乳母——それが比企尼であったことが、この娘の乳母起用から逆にわかる。

比企尼は甥《おい》の比企能員を猶子《ゆうし》（養子にほぼ同じ）とし、頼朝に推挙《すいきょ》したので、能員は頼家の乳母夫《めのと》に選ばれた。頼家が政子に連れられて御産所《おさんじょ》から本宅に帰った時のことである

（十月十七日）。この事例は乳母夫と乳母は必ずしも夫婦ではなかったことを示している。授乳のためには、それができる乳母でなければならなかったが、乳母夫は授乳とは関わりなく、夫婦である必要はない、と考えられたのであろう。乳母の一族中の適任者が選ばれたようである。

比企尼自身の功績については、「当初武衛乳母たり」と記され、その後頼朝が伊豆に配《はい》流《る》されていた永暦《えいりやく》元年（一一六〇）に忠節を尽くした、と記される（寿永元年十月十七日条）。永暦元年といえば頼朝十四歳のころのことで、前年の平治《へいじ》の乱に敗れて父は亡くなり、頼朝はこの年三月に伊豆に流されている。その時比企尼は流人《るにん》の身分に落とされた貴種頼朝を大切に守り育てたのであろう。そうした忠節に対して武蔵国比企郡を尼夫婦に請《うけ》所《しよ》として与えている。尼夫婦はここに住み、二十年余りの間、頼朝を見守ってきたが、今こそ繁栄の時が到来《とうらい》したので、頼朝は尼の奉公に報いようとし、尼の方は甥の能員を推薦したので、能員が乳母夫に抜擢《ばつてき》されたのだ、と『吾妻鏡』は記す。この書き方からみて、比企尼は不遇時代の少年頼朝を支えた功労者であったといえる。北条氏は政子の婚姻を事後承認するまで、頼朝とは疎遠な関係を保っていたのに対し、比企尼は数少ない頼朝の保護者であったのであろう。

比企能員は以後頼朝の側近として重用《ちょうよう》され、上野国・信濃国の守護を拝命し、能員の娘若狭局《わかさのつぼね》は養君《やしないぎみ》頼家の妻となる。こうした比企能員の繁栄の原点は、養母で叔母の比企尼の引き立てにあった。

尼はその後鎌倉比企《ひき》ヶ谷《がやつ》に屋敷を構えて住んだようである。尼は「木陰が涼しく、瓜《うり》も育っており、趣があります」などと誘ったので、頼朝・政子夫妻は尼の家に出掛け、遊宴に興じたり、菊の花が真先に開いたとの理由でここで頼朝・政子以下が重陽《ちょうよう》の酒宴を開いたりしている。尼の家は文治《ぶんじ》以後、頼朝夫妻の安息所になっていたようである。

しかし比企の乱によって比企氏の運命は一変する。建仁《けんにん》三年（一二〇三）八月、頼家は病を理由に家督《かとく》を実朝と長子一幡《いちまん》の二人に譲った。これに不満を抱いた一幡の祖父比企能員は、北条時政追罰《ついばつ》を計画するが、政子の機転で逆に討伐されてしまう。これが比企の乱である。比企能員の一族は猶子や婿たちも一致協力して戦ったが敗れ、討死したり、梟《きょう》首《しゅ》されたり（一幡）した。比企氏に味方した武士たちも処罰されたが、「妻妾と二歳の男子」は政子と「好《よしみ》」があったのでという理由で、和田義盛《わだよしもり》に預けられる（『吾妻鏡』建仁元年九月二日条）。能員の娘若狭《わかさ》局（一幡の母）もおそらくは命は助けられたのであろう。しかし能員の別の娘讃岐《さぬき》局はこの乱の時に命を失ったと思われる。六十年ほど後の文応《ぶんおう》元

12　比企氏墓所

年（一二六〇）、北条義時の子政村の娘（義時の孫娘）が邪気を患い、狂乱するという事件が起こる。この娘が自ら託宣《たくせん》していうところによると、能員の娘讃岐局は死後大蛇になって苦しみを受けており、今も比企ヶ谷の土中にいる、というのである。これを聞いた人々は身の毛のよだつ思いをした。僧の加持祈禱《かじきとう》で本復《ほんぷく》したが、恐ろしい事件であった。陰謀《いんぼう》事件が繰り返し起こった鎌倉期の社会不安の一面を示すものである。讃岐局の霊はもとの屋敷のあった比企ヶ谷にあるといわれた点から考えて、讃岐局も比企の乱時になくなったものと思われる。

山内尼

頼朝の四人目の乳母は山内尼である。この人は治承四年（一一八〇）十一月二十六日条に登場し、山内《やまのうち》首藤《すどう》経俊《つねとし》の老母で、「武衛御乳母也」と注記されている。治承四年、以仁王の令旨が諸国に送られ、頼朝がそれを奉じて戦を起こし、苦戦の末勝利を収めて鎌倉入りし、論功行賞を行なっている最中、山内尼が頼朝の元に泣きついてきた。その理由は子息山内経俊は石橋山合戦で頼朝に矢を射《い》かけ、その矢が頼朝の鎧《よろい》の袖に突きたったのを、頼朝はこの時まで残していたのであり、そんな罪人であるから、経俊は斬罪に処すと内々決められていたからである。

山内氏の系譜は図13のようになる。

経俊の生没年は一一三七―一二二五年であるから、頼朝より十歳年長ということになる。経俊の母が頼朝の乳母を務めたという点は納得できる。この老母といわれた人を『国史大辞典』の経俊の項を担当した福田以久生《いくお》氏は「摩々局中村氏」としている。しかしこれは事実であろうか。摩々局は先述のように康和三年（一一〇一）ごろの生まれであるから、年齢から見ても乳付の乳母というには困難が伴う。それに摩々局は先述のように頼朝の父義朝の乳母であると明記されている。また摩々局は早川荘に住んでいたらしいこと、惣領地頭は土肥氏（小早川氏）であること、また頼朝は父義朝の乳母であったことに特に感謝の念のあつかったことなどから見て、別人であると思われる。頼朝の乳母なら摩々尼の方がまだ近いのではないだろうか。

山内尼は経俊のことを「愛息《あいそく》」と呼んでいるので、経俊の実母であったと考えられる。山内氏は相模国鎌倉郡山内荘を本領としたとされる。山内の地は鎌倉市と横浜市に跨《また》がる広い荘園《しょうえん》である。

山内尼が『吾妻鏡』に登場するのはこの治承四年（一一八〇）十一月二十六日条のみである。この時に尼が頼朝の前にやってきた理由は、子息の経俊が斬罪に処せられるとの沙《さ》汰《た》があるということを聞いて、その「老母」（頼朝の乳母）が「愛息の命を救うため」泣く泣く参上した点にあった。その時、尼は次のように語っている。「資通《すけみち》入道は八幡《はちまん》殿に仕え、廷尉《ていじょう》禅室《ぜんしつ》の御乳母となって以後、代々源家に微忠を竭《つく》すこと数え切れません、中でも俊通《としみち》は平治の戦場で六条河原に屍《しかばね》を晒《さら》しました、けれど経俊が梶原景親《かげちか》に与《くみ》したのは責められて余りあるといっても、これは一旦平家の後聞を憚《はばか》るためでした、凡《およ》そ石橋辺に出陣した者は多く恩赦に預かっています、経俊だけがどうして曩時《のうじ》（むかし）の功績を認めてもらえ

13　山内氏略系譜

資通─┬─通義──俊通──経俊──重俊
　　　└─通清

ないのでしょうか」と述べている。これに対して頼朝は先述のように、石橋合戦時着用の鎧に当たった矢には経俊の名があることを示したのであった。件の矢の刺さった鎧を目の前に出されては、尼も二の句が継げず、涙を拭《ぬぐ》って退出するだけであったという。以前、後のことを考えてこの矢を残して置いたのだという。頼朝の用心深さの現れである。経俊の罪科は逃れがたいが、「老母の悲嘆《ひたん》」に免じて、また先祖の功労を考えて、罪は許されることになった。

山内尼と山内一族

尼の発言にある資通は経俊の曾祖父である。「山内首藤氏系図」によれば、資通は「滝口下野権守」といわれ、白河院の天仁《てんにん》の頃の人で、後三年合戦の時、十一、二歳で戦陣に参加したという。そして源為義《ためよし》が十四歳の時、為義に従った、とある。また経俊の父俊通は、相模《さがみ》国に住み、「山内滝口」と称し、平治の乱の時源義朝に従ったが、四条河原で敗れたとある。尼がいうように資通が若くして為義に仕えたのは事実であったようである。そしてのち為義の子「八幡殿」義家《よしいえ》に仕えたのであろう。したがって尼が「廷尉禅室（為義）御乳母たり」といったその人は山内資通のことを指す。自分が為義の乳母だったり、義家の乳母だったりしたのではないのである。経俊の曾祖父資通こそが為義に若い頃から仕え、乳母一族として奉仕し、為義の子義朝にも仕えて、山内俊通（経俊の父）は平治の乱で亡くなったという功績を挙げたことがわかる。死去した場所は系図と尼の発言では少し異なるが、四条河原で亡くなった死骸が六条河原で晒されたということであったのかもしれない。いずれにしろ、この乳母は源為義の乳母としての山内資通のことであったことが判明する。乳母の語はここでは乳母一族、中でも男性の後見・従者としての奉仕役割を意味していると考える。

室町初期の貞治三年（一三六四）に書き継いだと「端裏書《はしうらがき》」に記す山内氏の系図（『大日本古文書』「山内首藤家文書」五六八号）を検討すると、一族男性の婚姻相手と一族女性の婚姻先から、おもしろいことが発見できる。経俊の孫の俊業《としなり》は承久の乱の時、京方に加わったため誅《ちゅう》されたとある。その俊業の孫娘は広沢与三《よぞう》入道の妻となったとある。鎌倉期の終わりの頃となると、通経の娘や孫娘は備後にあった本領の近辺の滑《なめり》氏、河北《かわきた》氏、田原《たわら》氏と婚姻を遂げている。一方、鎌倉初期の経俊の子俊明《としあき》の娘には「参河《みかわ》局」と「和泉《いずみ》局」と呼ばれた二人の女房がいることが注目される。これらの女房は朝廷の女房か貴族の家の女房か、幕府の女房か判明しないが、山内氏の本拠地が鎌倉にあったことから考えて、幕府女房と見るのが自然ではないかと思う。つまり鎌倉初期の山内氏一族の女性は近隣の武士と婚姻を遂げるもののほか、女房づとめをして女房名をもらうほど有名な女性を出していたことがわかる。

源家と山内氏

もう一通の系図（五六九号）によれば、資通の姉妹に「八幡殿妻室《さいしつ》」の注記があることが注目される。八幡殿とは源義家《よしいえ》のことである。兄弟の資通は先述のように為義十歳の年（長治二年〈一一〇五〉ということになる）にこの人に従った、天仁《てんにん》の頃の人と注記されている。したがって天仁年間は一一〇八年と九年であるから、十二世紀の初めに活躍した人ということになる。資通については「後三年合戦之時、（一〇八三―八七年）於十一、二、三歳、随義家有戦陣」とも記される。この注記から資通は延久三年（一〇七一）から永暦元年（一〇七七）ごろの生まれと推定した。資通がこのように一〇七〇年代の生まれで、十二世紀初めに三十から四十歳代の壮年で、十歳代の為義に従ったとすれば、天仁年間（一一〇八、九年）のころに活躍したことと符合する。なぜなら為義は永長元年（一〇九六）生まれであったからである。山内資通はこのように一〇七一―七七年ごろの生まれであるとすると、その姉妹が長暦三年（一〇三九）頃に生まれたと推定される義家の妻になることは、夫との年齢差が甚だしいが、あり得ないことでもない。義家の妻室を出したという事実が、山内氏を源氏の「乳母」だと見る見方を生んだのかもしれない。なお、西岡虎之助氏は『日本女性史考』の中でこの「女子」の注記を

「八幡殿乳人」と読んでいるが、「山内首藤氏系図」には「八幡殿妻室」と書かれている。従って資通の姉妹である「女子」は義家の妻の一人であったと見たほうがよい。

山内資通の子通清《みちきよ》の注記には「鎌田権守と号す、北条四郎時政の烏帽子父と云々、駿河国に住す」とある。このことから、通清は北条時政の親の世代に当たり、またそのころ山内氏は北条氏よりも有力な一族であったことがわかる。普通烏帽子親は有力者を頼んでなってもらうものだからである。通清の子正清《まさきよ》については「鎌田次郎と号す、平治乱時源義朝朝臣に相具《あいぐ》す」とある。この人も俊通と同じく義朝方として平治の乱をくぐり抜けていたことがわかる。源氏との主従関係は義家の妻室を出して以来、連《れん》綿《めん》と続いてきたことが知られる。

こうして平安後期から源平合戦期（院政《いんせい》期）にかけて、山内氏はまず女子が義家の妻となり、男子たちも何代にもわたって源氏との主従関係を形成してきたことが判明

14　源氏・山内氏関係図

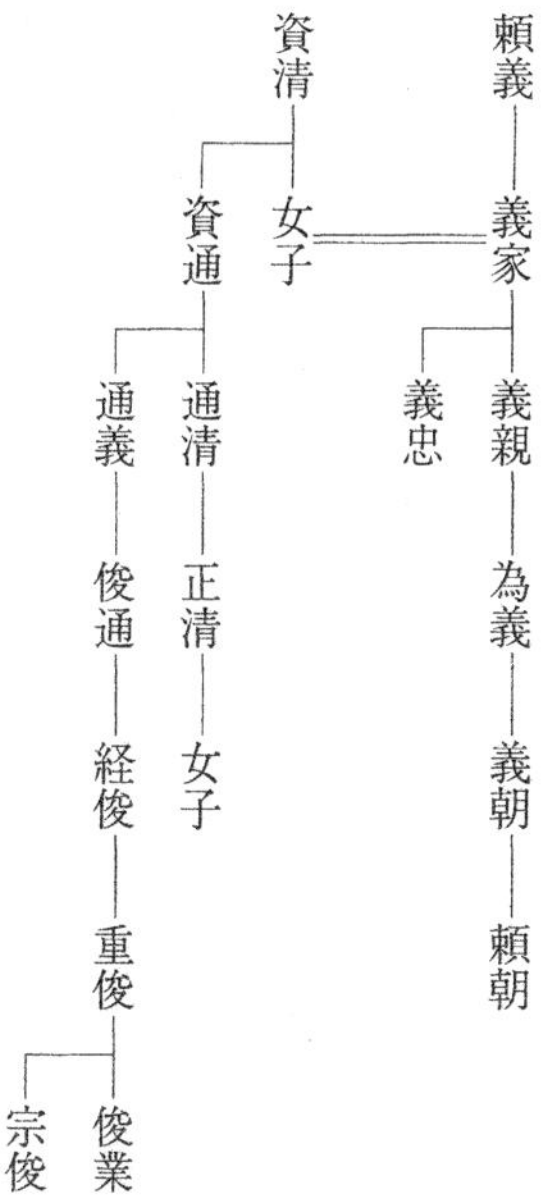

する。

養君と乳母子

山内正清とその母、子息は『義経記《ぎけいき》』に登場する。四条室町《むろまち》に住む法師《ほうし》「しやうもん坊」について「左馬頭《さまのかみ》殿の御乳母子鎌田《かまた》次郎正清が子なり。平治の乱のときは十一歳になりけるを、長田《おさだ》の庄司これを斬るべきよし聞えければ、外戚の親しき者ありけるが、やうやうに隠し置きて、十九にて男になして、鎌田三郎正近《まさちか》とぞ申ける」とある（巻第一）。『義経記』のこの部分からわかることは、鎌田正清（山内正清）の父母が源義朝の乳母であり、正清の子正近がしょうもん坊で、平治の乱（一一五九年）の時十一歳であった、ということになる。しかしこの正清は山内家の系図には見えない。系図にあるのは次に述べる「女子」のみである。したがってしょうもん坊の存在は確実視できない。ここで重視したいのは、正清が義朝の乳母子であるということである。系図の正清の項にも「平治の乱の時、源義朝朝臣に従う」とあり、『義経記』の記述と合致している。したがって正清は単に源氏に味方したのではなく、義朝の乳母夫妻（通清夫妻のことであろう）の子として義朝に従った人物、義朝と固い絆《きずな》で結ばれた臣下であったことがわかる。ここでも乳母子と養君の緊密な関係が導き出せる。

ところがこの乳母について西岡虎之助氏は「正清の妻は義朝の乳母である」と述べてい

る（『日本女性史考』）。しかし『義経記』には「左馬頭殿（義朝）の御乳母子鎌田次郎正清」また「頭殿の御乳母子に鎌田次郎兵衛」とあるから、正清は乳母子でなければならない。したがって義朝の乳母は正清の母（おそらくは系図上の通清の妻）であるとしなければならないと思う。

山内氏の娘たち

鎌倉期以後においても、系図の正清の女子に「香貫三条局、鎌倉大将家女房、花山院《かざんいん》法印室」の注記があることから、鎌倉幕府に仕えた女房を輩出《はいしゅつ》していたことがわかる。婚姻は僧籍の人と成したにしても、それ以前かあるいは婚姻と平行してか、幕府に出仕して女房づとめをしていたことは事実であろう。一族女子の源家との主従関係も鎌倉期に持続されたことがわかる。

山内氏系図にはもう一人幕府の女房をしていた女性が登場する。それは俊明の娘である。

15　山内氏略系図

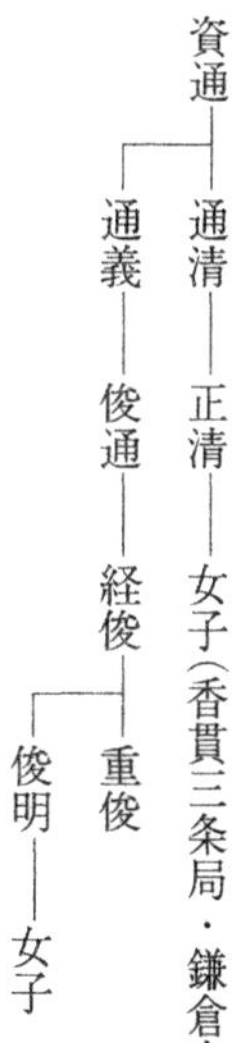

系譜は図15のようになる。

俊明の娘には「二位家弁三代将軍家女房」の注記がある。二位家とは北条政子のことであるから、この人は源氏の三代の将軍家と頼朝正室政子に仕えた、典型的な幕府女房であったことがわかる。経俊が頼朝に弓を射た人であったことを考えると、これらの二人の女性は、その不始末による名誉挽回《ばんかい》に努めた山内一族の人物であったと推測できる。なお、俊明の女子で幕府女房になった人は、「山内首藤家文書」五六九号では「女子」とあり、一人の人物であると記されているが、同五六八号では「参河局」「和泉局」の二人格として記されている。一人なのか二人なのか判明しないが、幕府女房を山内氏が出していたことは確かである。

山内氏と土肥氏

山内氏の系図中、鎌倉初期の人物である経俊の子重俊《しげとし》には「仁治三年六月十一日入畢、八十五、土肥弥太郎遠平二女ニ嫁、一得名本領《いっとくみょう》主」の注記がある。仁治《にんじ》三年（一二四二）に八十五歳で亡くなったとすれば、保元三年（一一五八）の生まれとなる。この重俊の妻が土肥遠平《どひとおひら》の二女であるから、土肥氏との間に婚姻関係が形成されたことがわかる。そのため、土肥氏の持つ早川荘の中の一得名を得たもののようである。一得名は寛喜二年（一二三〇）ごろ田地五町二段二四〇歩、屋敷一所、百姓在家五宇を擁する所領であった。頼朝の信頼厚い土肥氏と姻戚《いんせき》になることは、山内氏にとって必要、というよりもこうした土肥氏の保護のもとでしか鎌倉期を乗り切れなかったに違いない。俊通の妻は山内尼であるが、その子経俊は平氏に味方し、頼朝に対して弓を引いたという大失敗（石橋山で頼朝の鎧に矢を当てた事）があった。汚名を挽回しなければならない事態に至っていた。その失態のため山内氏は代々所持していた所領山内荘（鎌倉市北部から横浜市戸塚区の東半分に及ぶ大荘園）を没収された。その山内荘は土肥氏に預けられ、経俊は土肥実平《さねひら》（遠平の父）に預けられたからである。『源平盛衰記《げんぺいせいすいき》』は、この時の様子を次のように述べている。頼朝は山内氏を打ち首に処すよう土肥実平に命じたが、実平が取りなしたので、実平に預けたところ、実平は山内氏に言い含めて髻《もとどり》を切り、出家させて追放したので、経俊兄弟は手を合わせ、喜んで実平の宿所を出た、とある（巻第二十三）。こうした経俊の源氏に対する大失態は、山内氏がそれまで築いてきた源氏との濃密な関係を帳消《ちょうけ》しにするものであったから、山内尼は必死に頼朝に経俊を推挙《すいきょ》したのである。経俊の子重俊の土肥氏への接近、婚姻の成立は山内氏の窮地を救うための窮余《きゅうよ》の一策として採られたと思う。こうして重俊と土肥遠平二女との婚姻関係が結ばれていたことが、広い土肥氏の所領早川荘内に、一得名を山内氏が獲得するきっかけになったと推測する。

山内氏は平安後期には源氏との関係を密にしてきた。源義家の妻室を出し、十歳を過ぎたばかりの少年資通は後三年合戦で義家に従った。資通の孫正清は平治の乱に源義朝に従っている。同じく資通の孫俊通は、平治の乱時、義朝に従って四条河原で誅《ちゅう》されている。その妻山内尼は義朝の子頼朝の乳母の一人であった。こうした源家との主従関係が揺らいだのは経俊の時代であり、経俊は平家に味方し、頼朝に弓を引いたため、所領山内荘を没収された。頼朝にとっては山内荘を手に入れたことが鎌倉に幕府を建設する、恰好《かっこう》のチャンスになったといえよう。経俊はそのため身柄を土肥実平に預けられ、実平の所領早川荘に住んだと思われる（現在の小田原駅の北約二キロのところに本屋敷があったと推定されている）。その後山内氏は正清の娘や俊明の娘が将軍家の女房に出仕する一方、土肥遠平の二女と重俊が婚姻することによって、早川荘内に一得名を得て一族の存続が計られた。備後国地毘《じびの》荘《しょう》に下向《げこう》し、その地で在地領主として定着するのは、俊通から十六代後のことになる。

頼朝の妹・一条能保の妻

頼朝の妹は建久元年（一一九〇）に四十六歳で亡くなっているので、久安元年（一一四五）生まれということになる。とすれば頼朝より二歳年長ということになるから、正確には姉といったほうがよい。彼女は公家一条《いちじょう》家に嫁し、一条能保《よしやす》の妻室となった。一条能保は久安三年（一一四七）生まれで、頼朝と同年齢である。京都の情報は一条夫妻から頼朝にもたらされ、頼朝はその恩恵を受けた。能保の妻は夫との間に二人の娘をもうけた。その娘の一人は「大理姫《だいりひめ》」といい、建久二年（一一九二）に九条良経と婚姻している。この婚姻に至る前の文治二年（一一八六）、頼朝の取りなしで一条能保の妻は禁裏《きんり》の乳母になる計画が進められたことがある。平安期の貴族社会の例に習って、頼朝はその姉が公家の妻室になっているという好機を摑んで、文治地頭設置の権限を得た直後、貴族社会により力強く源家の勢力を扶植《ふしょく》するため、姉が天皇家の乳母の地位に就くための工作をしたものと考える。ところが建久元年（一一九〇）に能保の妻は亡くなった。「難産によって卒し給う」とあるので、乳母になったとしても、短期間の乳母であったと思われる。またこの時出産した娘全子《たけこ》《まさこ》が嫁したのが西園寺公経《きんつね》であったと考える〈公経は承安元年〈一一七一〉の生まれで、寛元二年〈一二四四〉七十四歳で亡くなった〉。

乳母の役割は武士の場合、実質的な養育や主従関係の固めに帰結するのが一般的であるが、公家の乳母は、平安時代からの伝統があるため、政治的な意味合いで捉えられる場合が多い。頼朝妹（姉）の場合も、源家の勢力伸長と、一条家からそれまでの伝統に従って乳母を出すことの意義との両方の要請から、天皇家の乳母になることが追求されたと思う。

源頼家の乳母

比企氏

頼朝の嫡子《ちゃくし》頼家《よりいえ》の乳母《うば》は比企《ひき》氏であることは前述した。比企尼が頼朝の乳母で、その娘は頼家の乳母となり、誕生時から授乳と養育で奉仕した。比企尼の甥能員《よしかず》は、叔母の比企尼の推挙によって、尼の猶子《ゆうし》ではあったが、頼家の「乳母夫《めのと》」に選ばれている。従兄弟同士が乳母・乳母夫になった典型的な例である。

政子が頼家を産んだ時の模様は『吾妻鏡《あずまかがみ》』に詳しく記されている。拙著『幕府を背負った尼御台』でその意義を論じたが、必要部分を取り上げて再考してみたい。政子の懐妊《かいにん》が明白となると、頼朝は二つの行動を起こす。一つは恩赦をする意志を明らかにしたこと、もう一つは鶴岡八幡宮《つるがおかはちまんぐう》の参詣道を真っ直《す》ぐに直したことである。懐妊を喜び、出産と新生児の無事を祈っての意思表示であったと考えられる。着帯《ちゃくたい》にあたっては、千葉常胤《ちばつねたね》の妻が献上した帯を頼朝が自ら結び、丹後局《たんごのつぼね》が陪膳《ばいぜん》する祝いの膳が設けられた。お産の総指揮をする奉行には梶原景時《かじわらかげとき》が任じられた。お産が近づいた八月十一日、在国していた御《ご》家人《けにん》たちが続々と鎌倉に集まる。翌十二日、政子は男子を平産するのである。早速決められたのは乳母であり、河越重頼《かわごえしげより》の妻（比企尼《ひきのあま》の娘）が乳母に選定された。護刀《まもりがたな》が主だった御家人から徴収され、御家人たちは馬も献上、二百疋余りの馬は鶴岡など諸社に奉納される。乳母夫が登場するのは、かなり後の十月十七日、御産所から「営中」（頼朝の政庁、後の幕府）に帰った時である。上下の御家人たちに見守られての出産であったこと、乳母の選定が優先され、乳母夫は後に一族中から有力者が選ばれたことがわかる。

比企能員は養君頼家の側室に娘若狭局《わかさのつぼね》が入り、子一幡《いちまん》を生んだことによって、御家人の中では一目置かれる立場を獲得した。建仁三年（一二〇三）八月二十七日、病の重くなった頼家は関西三十八国の

16　比企氏略系図

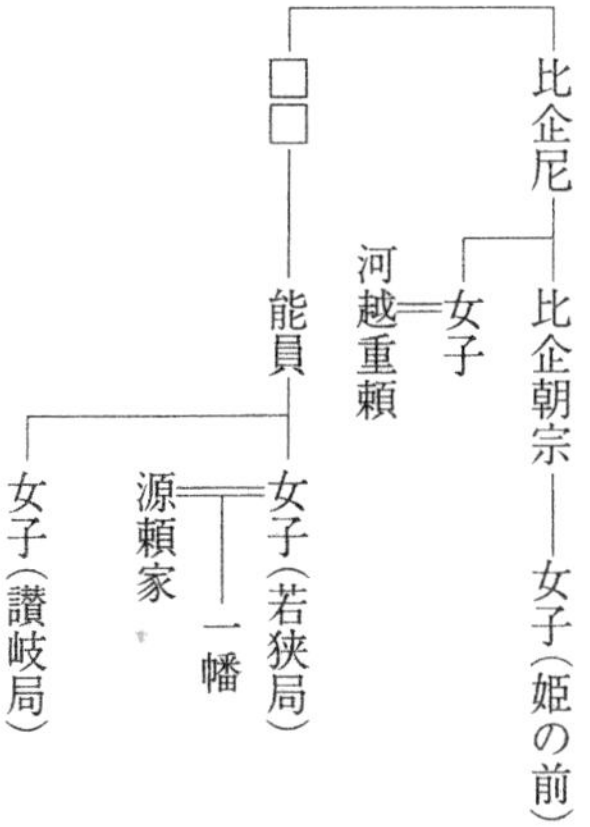

地頭《じとう》職を弟実朝《さねとも》に、関東二十八国地頭職と総守護職を長子一幡《いちまん》に譲った。これに不満を持った外祖父比企能員は、若狭局を通じて頼家に北条時政を追討すべきだと訴えた。頼家と能員の談合（追討の許諾にいたった）を障子《しょうじ》越しに聞いた政子の機転で、時政にこのことが知らされ、大江広元などとも相談の上、能員の誅伐《ちゅうばつ》が実施された。これが比企の乱である。この乱の「追罰《ついばつ》」命令は政子から出され、比企一族は死罪や流罪《るざい》に処され、所領は収公された。

比企朝宗

一方、比企尼には男子がおり、比企朝宗《ともむね》と呼ばれた人物である。この人は比企遠宗《とおむね》と比企尼の間に生まれ、木曾義仲《きそよしなか》が滅んだあと、北陸道勧農使《かんのうし》に任じられ（元暦元年〈一一八四〉）、その後平氏を西に追うため源範頼《のりより》に従って西海に下向《げこう》している。文治《ぶんじ》二年（一一八六）、頼朝使節として京に下って以後、しばらくは在京し、その後、頼朝の奥州征伐《おうしゅうせいばつ》に従軍している。源家、特に頼朝の御家人として活躍した人物であったといえる。朝宗の妻は政子の女房「越後局《えちごのつぼね》」である。越後局は文治四年（一一八八）男子を出産したことが『吾妻鏡』に見える（正月二十二日条）。一方朝宗の娘「姫の前《まえ》」は北条義時《よしとき》の正室《せいしつ》となり、泰時《やすとき》、朝時《ともとき》、重時《しげとき》などを生む。「姫の前」は「幕府官女」と記されているので、鎌倉幕府に仕える女房であった。そればかりでなく、「権威無双《むそう》」

「容顔美麗」といわれているので、美人で仕事ができたため、大きな力を発揮していた人だったのであろう。義時の方から二年間手紙を送りつづけたが、用いなかったので、将軍家が見かねて「離別致しません」という義時の起請文《きしょうもん》を取ってから建久三年（一一九二）に婚姻した、という鎌倉期でも特異な婚姻をなしている。

このように朝宗自身の功績は大きかったが、北条氏との婚姻関係を結んだことが、姫の前を通じて比企氏の地位をより押し上げたことが推測できる。

乳母夫平賀義信

頼家の乳母はその後、頼家七歳のころには同じ比企氏ではあるが、能員の妹に交代していたようである。『吾妻鏡』文治四年（一一八八）七月十日条には若君「万寿公《まんじゅぎみ》」（後の頼家）が七歳となり初めて甲《かぶと》を着したが、この祝いの席で若君を扶持《ふじ》したのは「乳母夫」である義信《よしのぶ》と「乳母兄」にあたる比企能員であった、と記されているからである。これを系図で示すと図17のようになる。

能員の妹の婚姻相手平賀義信《ひらがよしのぶ》とは、戦国大名大内氏の先祖にあたる人物である。

義信自身、源氏の一族で、平治の乱の時（一一五九年）源義朝のお供に加わっており、そのころは「平賀冠者《かじゃ》」と呼ばれたとある（『吾妻鏡』文治元年九月三日条）。義信はまだこのころ元服《げんぷく》前であったのであろう。元暦《げんりゃく》元年（一一八四）には、源範頼、源広綱《ひろつな》に並んで

17　平賀義信の妻

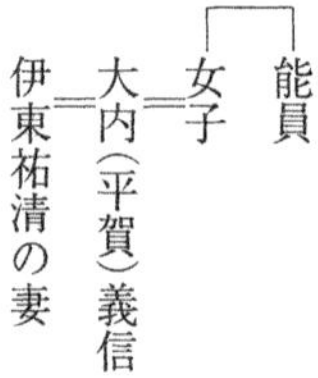

18　源氏の流れ

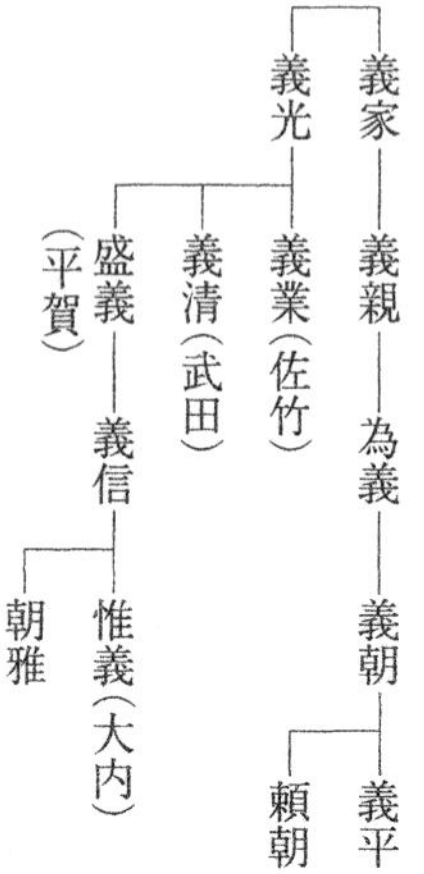

義信の一国国司拝領を願って頼朝は奏聞しようとしている。そしてめでたく範頼は参河守、広綱は駿河守、義信は武蔵守を得ている。これに対して義経は望んだのではないのに、朝廷側から度々の勲功《くんこう》は黙視しがたいとして「左衛門《さえもんの》少尉《しょうじょう》」に任じられる。これが頼朝の機嫌をすこぶるそこねたことが、『吾妻鏡』には載せられている（六月～八月条）。文治元年十月二十四日の南御堂《みなみみどう》（勝長寿院《しょうちょうじゅいん》）の供養《くよう》の盛儀には、後ろの随兵《ずいひょう》（五位、六位の者三十二人が選ばれた）の初めの部分に名があがっている。文治初年には武蔵守として行政権も握っていたことは、文治二年七月の地頭の年貢対捍《ねんぐたいかん》事件の際、頼朝から指示が義信に出されていることによってわかる。元暦、文治の初めのころは、頼朝の側近

く仕える源氏一族としては範頼に次ぐ位置にある、抜き出た存在であったといえよう。

文治四年（一一八八）に頼家（当時七歳）の乳母夫《めのと》になってからは、その地位は一段と上昇し、行事・儀式の主座を務める例が見られる（文治五年五月十九日条など）。乳母の地位はその夫の地位を押し上げる作用をすることがわかる。

平賀義信はその後、自らの源氏という出自、妻比企氏の乳母という役目の重さに加えて、何よりも自身の優れた能力によって幕府内で重い地位に就《つ》いている。将軍家の外出には随兵として供奉《ぐぶ》し、武蔵国の守護として行政に当たり、実朝元服時には加冠《かかん》役をつとめるなど、主な行事には「武蔵守」として出席する義信の姿が見られた。特に守護としての政務に優れていたようで、「武蔵国の国務は義信朝臣の成敗《せいばい》が最も民庶雅意に叶《かな》う」と聞いた頼朝から「御感御書」を賜り、今後の国司はこれを守るべき趣の壁書を府庁に置いたという（建久六年〈一一九五〉七月十六日条）。また比企氏の縁者《えんじゃ》であったためか、比企氏の乱後は「前武蔵守」といわれており、武蔵守護職は失ったようである。そしてまもなく武蔵守は北条時房に交代するが、国務は「故義信入道《にゅうどう》の例に任せて沙汰《さた》されるべきである」と、義信の行政方針は引き継がれている。この引き継ぎ（承元元年〈一二〇七〉）の前に、義信は亡くなったのであろう。

平賀義信の妻

平賀義信の妻には、伊東氏の娘と比企氏の娘がいた。おそらくは比企氏の娘が正室であったと思われる。この比企氏の娘が頼家の二番目の乳母になった人であろう。この女性は将軍家の実朝出産時に、政子の腹帯を持参し、貢納《こうのう》していることがわかる（建久《けんきゆう》三年〈一一九二〉四月二日条）。頼家の乳母として、将軍家と親しい関係になっていたからこその貢納であったと考える。しかしこの女性は建仁《けんにん》二年（一二〇二）にはすでに亡くなっており、三月、永福寺《ようふくじ》内多宝塔《たほうとう》供養に政子と頼家がお参りをした際、これは「金吾（頼家）の乳母であった平賀義信朝臣の亡妻の追福《ついふく》のためである」とされているからである。将軍家から手厚く追福の供養がなされるほど、義信妻の乳母としての役割は大きかったのであろう。なお永福寺の塔は、義信がその財によって建立したものであったが、建暦《けんりやく》元年（一二一一）焼亡《しようぼう》している。

比企能員は頼家誕生のころから比企尼の引き立てで尼の猶子として乳母夫に準ずる地位に就いた。その後頼家の成長につれて、一層身近な血縁者である妹夫妻（平賀義信とその妻）を乳母夫婦として側に置き、自らの娘を養君の妻室にすることによって、乳母以上の外戚としての地位を獲得した。しかし頼家の譲与《じようよ》の時点から討伐《とうばつ》対象となり、一族は大《おお》方《かた》滅ぶが、北条義時の妻になった姫の前などの力によって、一族の血縁は残っていったものと考えられる。

平賀義信には比企氏の他にもう一人の妻がいた。伊東祐清《いとうすけきよ》の妻であった人で、曾我《そが》兄弟（祐成と時致）の次の弟を養子にしていた。彼女は祐清が死んだあと、この祐泰《すけやす》の三番目の子息を連れて平賀義信と再婚している。この子は「父の死後五日で生まれた」（『吾妻鏡』建久四年〈一一九三〉六月一日条）とあるので、この子は曾我兄弟とは別に、叔父夫妻に引き取られた、ということである。引き取った伊東祐清の妻は、この子を養育したが祐清も平氏方に味方したという経緯があるため、祐清の死後、妻は養子を連れて、平賀氏と再婚したのである。建久四年の曾我兄弟の敵討ちの際、この子（僧になっていた）の関与が疑われたが、「同意の支証なし」として、罪を免《まぬが》れている。兄弟とは別れて育ったことが決め手になったのであろう。

19　伊東氏略系図

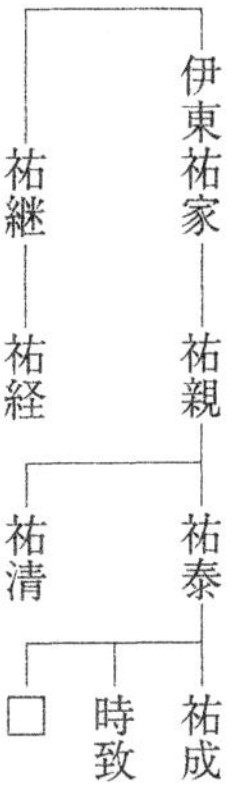

源実朝の乳母

実朝の誕生

政子が長男頼家《よりいえ》を出産するもようは『吾妻鏡《あずまかがみ》』に描かれており、男女の御家人《ごけにん》と女房《にょうぼう》衆に囲まれ、各人がそれぞれの役割を持っての出産であったことが記されている（拙著『幕府を背負った尼御台』参照）。その乳母として選定されたのは、比企尼《ひきのあま》の娘であり、後、乳母は尼の甥《おい》比企能員《よしかず》の妹（尼の姪《めい》）に交代したことは前の節で述べた。一方、次男実朝《さねとも》の乳母には政子の妹「阿波局《あわのつぼね》」が選定された。誕生時のありさまから検討してみよう。

実朝の誕生は建久《けんきゅう》三年（一一九二）八月九日のことであり、加持祈禱《かじきとう》は宮法眼《ほうげん》、験者《げんじゃ》が義慶坊《ぎけいぼう》・大学坊《だいがくぼう》等、鶴岡社・福田寺など二十七もの寺社への神馬奉納奉行《しんめほうのうぶぎょう》は梶原景季《かじわらかげすえ》・

三浦義村《よしむら》、鳴弦《めいげん》役は平山季重《すえしげ》・上野光範《みつのり》、引目《ひきめ》役は和田義盛《よしもり》がそれぞれ務めている。誕生後、護刀《まもりがたな》を献じたのは江間《えま》四郎（北条義時）・三浦義澄《よしずみ》・佐原義連《よしつら》、野三《のさん》（小野）成綱《しげつな》、藤九郎《とうくろう》（安達《あだち》）盛長《もりなが》・下妻弘幹《しもつまひろもと》の六人であり、因幡前司《いなばぜんじ》（大江広元）・小山左衛門尉《おやまさえもんのじょう》（朝政《ともまさ》）・千葉介《ちばのすけ》（常胤《つねたね》）以下の御家人は御馬御剣等を献じている。八田朝重《はったともしげ》・野三義成《よしなり》・左近将監《さこんしょうげん》（大友）能直《よしなお》は馬を引いている。その次に名が上がっているのが、「御乳付《おんちつけ》」「阿波局」である。彼女は「阿野上総妻室（阿波局）、御乳付として参上す」と記される。女性の名は阿波局だけではなく、他にも見え、「大弐局《だいにのつぼね》・上野《こうずけ》局・下総《しもうさ》局等」が「御介錯《かいしゃく》をなすべき也」とあるので、彼女らは出産全般をとりしきるために置かれた女房たちであったことがわかる。実朝誕生時も、頼家の誕生時と同じく、男女の御家人総出で誕生が待たれ、役割分担がなされていることがわかる。そして実朝の最初の乳母は政子の妹で阿野全《あのぜん》成《じょう》の妻となっていた「阿波局」であったことが判明する。阿波局は授乳の時からの乳母であったことになる。

また、源頼朝と北条政子、阿野全成（頼朝の弟）と阿波局（政子の妹）、と兄弟姉妹同士で婚姻がなされていたこともわかる。

実朝は生まれてから三ヵ月後の十一月五日、「行始」の行事を行なっており、輿《こし》で安達盛長の甘縄《あまなわ》邸へ初めての外出をしている。その時付き従ったのは、大弐局や阿波局等であった。阿波局は乳母として近侍《きんじ》し、大弐局は幕府女房として将軍家の行事に奉仕したのであろう。この時供奉したのは相模次郎（実名は不明）・信濃三郎（南部光行《なんぶみつゆき》）等々であった。供奉人などに献盃《けんぱい》があり、安達盛長は剣を献上している。御供の男女には贈り物が提供され、女房の二人（阿波局と大弐局）には各小袖一領《りよう》が、相模次郎以下の男性には各革一枚が与えられている。類推すれば、当時、革一枚は小袖一領と同じくらいの価値をもっていたことになる。阿波局は乳母の務めを果たしていたらしいことも読み取れる。

阿波局

それから七年後、阿波局は梶原《かじわら》の乱に関与している。正治《しようじ》元年（一一九九）正月に頼朝が亡くなり、長男頼家が後継者となったが、その政治は危うく、政子の親権によって、頼家の政治は四ヵ月で停止され、重臣の合議制による政治がスタートする（拙著『幕府を背負った尼御台』）。頼家の安達氏との一触即発《いつしよくそくはつ》の危機を、七、八月の二ヵ月で乗り切った政子に、新たな不安材料がもたらされた。十月二十七日、阿波局が結城朝光に「梶原景時の讒言《ざんげん》によって、あなたは誅戮《ちゆうりく》されようとしているのですよ」と述べたのがきっかけとなり、朝光はこのことを三浦義村に訴えた。そして三浦・和田・安達・畠山・小山・比企・千葉ら六十六名の御家人の一味同心《どうしん》が成立し、梶原氏は鎌倉から追放された。景時とその一族や従者は翌年の正月に射殺されたり、処刑されている。御家人の結束によって梶原氏を排斥《はいせき》した事件――これが梶原の乱であったといえる。梶原氏が滅ぼされた理由の第一には景時の讒言があり、これまでにも度々問題視されていたことは事実である。この乱のきっかけをつくったのが阿波局であったことは、女房たちが幕府内に座席を占めていて、政治に関わる位置にいたことを示す好例であると考える。次の讒言の対象は誰なのか推測できるような微妙な位置に、阿波局はいたことになるからである。

その後引き続き幕府女房として「宮仕」していた阿波局の身に、災難がふりかかるのは、建仁三年（一二〇三）五月二十日のことである。前日の十九日、阿野全成に謀叛《むほん》の疑いがかけられ、武田信光《のぶみつ》に生け捕《いど》られた全成は、宇都宮《うつのみや》氏に預けられた。将軍頼家は比企四郎時員《ときかず》をもって尼御台《あまみだい》政子にこう言った。「全成は謀叛を企てたので生け捕った、その妾《しょう》阿波局は殿内（幕府）に宮仕していると聞く、早く召し出されたい、尋問《じんもん》するので」と。これに対して政子は反論し、「このようなことは女性に知らせないものです、全成は去る五月ごろ駿河に下向《げこう》の後、音信を通じていない、疑うところはない」と述べた。政子の反論によって、阿波局は夫の「罪」に縁坐《えんざ》しないですんだ。その証拠に九月の比企の乱後にも女房としての務めを果たしていることがわかるからである。政子のような指導者がいなくなった時代には、妻の縁坐は謀叛のような夫の大罪にはなされるものとの常識が一般的になる。『御成敗式目《ごせいばいしきもく》』に夫の大罪に妻は縁坐すると記される時代へと、時代の空気は動き始めていたのである。

将軍実朝と局

阿野全成の謀叛事件のころから頼家の体調は一層悪くなり、同年八月頼家は弟実朝と長男一幡《いちまん》に全国の地頭職を二分して譲与する。このことが火種になって、比企能員は外戚の地位が揺らぐことを懸念し、「独歩」の志を差し挟み、乱を起こすのである（『吾妻鏡』八月二十七日条）。この乱の処理もまた政子の仕事となった（前掲拙著参照）。

九月七日、頼家は落飾《らくしょく》する。これも政子の計らいでなされた。次の将軍に決定したのは千幡《せんまん》（実朝）である。実朝は早速政子邸から北条時政邸へと輿《こし》に乗って移動し、阿波局が同輿《どうよ》し、輿寄せには北条泰時、三浦義村が付き従った。そして諸御家人に対して、所領は元のように領掌《りょうしょう》すべき由《よし》の時政の御書が九月十日に下されている。危機回避のための政策であった。

しかし代替わりはこれでは収束せず、もう一段の策がめぐらされた。五日後、阿波局の建言《けんげん》によって、政子は実朝を時政邸から迎え取る。「若君が遠州《えんしゅう》（時政《ときまさ》）邸におられるのはよいのですが、牧の方のことを考えると、害心を差し挟みそうなので、『傅母《もりぼ》』と頼み難いのです、きっと事件が起きることでしょう」と阿波局は述べている。政子の返答は「この事は前から考えていました、早速迎え取りましょう」というもので、北条義時、三浦義村、結城朝光などを迎えに遣《つか》わしたのである。

建久三年（一一九二）生まれの実朝はこの年十二歳である。乳母として阿波局が養育してきたが、おそらくはこの年、次の将軍に決定してからは、養育係が交代することが将軍家や御家人の間では共通理解になっていたのではないかと思う。次の養育係として、北条時政夫妻が一番相応しいのだが、時政の後妻牧の方は「傅《もり》」役《やく》として不適当だ、というのが政子や阿波局の判断であったのだろう。阿波局の乳母役割はこの時点で終わりを告げた。

阿波局が亡くなったのは安貞元年（一二二七）十一月四日のことである。政子がなくなってから二年余りが経ったころである。亡くなった時『吾妻鏡』には「御所女房阿波局」が卒去したとある。幕府に仕える女房として、特に実朝の誕生時から十二歳までの乳母としての足跡が評価された人であった。

乳母から傅へ

阿波局の乳母としての一生を見てきたが、この乳母役割で気付くのは、乳母から「傅」役への交代が、養君の成長に合わせて想定されているらしいことである。実際、実朝が源家の後継者に選ばれ、将軍後継者の第一人者と目されてからは、阿波局が『吾妻鏡』に登場するのは死の場面に限られることもそれを証明している。将軍候補のような重要な位置にある養君は、傅役として男性臣下が任に就くべきだ、というのが当時の武士階級一般の予測であったのではないかと思う。それは実朝の母政子にも共通の思いであったと思う。傅役には北条時政のような人物が最も相応しい（時政は政所《まんどころ》別当《べっとう》・執権《しっけん》を務める）、しかし時政は傅役として適合しているとしても、その妻牧《まき》の方《かた》は傅役の妻（「傅母」）として相応しくないというのが、政子と阿波局の一致した意見であったと考える。このように、養君の成長に合わせて、元服以後は乳母に代わって傅役が教育と養育を担当すべきだという考えは、鎌倉武家社会の中では、将軍家のような上層階級から、鎌倉初期に生まれていたといえる。

源家の庶子・女子の乳母

乳母と傅の選定

源家の嫡系に生まれた頼家《よりいえ》や実朝《さねとも》には、有力御家人《ごけにん》や頼朝《よりとも》の乳母《うば》の一族から信頼できる女性を選んで乳母が選定され、しばらくして乳母夫《めのと》や傅《もり》の地位が成立し、その重要性が次第に増した。頼朝幼少時代は源氏に対する世間の風当たりが厳しかったため、乳母が選定されるのがやっと、という状態であったと思われる。しかし頼家、実朝が生まれた時代は、鎌倉の政権が確立しはじめた時期に当たっていたので、御家人たちに出産が待ち望まれ、大きな期待と喜びのもとに生まれた源家の後継者には、河越《かわごえ》氏、ついで比企《ひき》氏と、実朝には阿野《あの》氏から乳母が選定され、比企氏と北条氏が乳母夫と傅の地位を獲得した。乳母は出産と同時に必要性によって選定されたが、乳母夫や傅は乳母一族中や縁者《えんじゃ》、政界の重鎮《じゅうちん》から選ばれる傾向が窺《うかが》えた。乳母が授乳と養育を重視して、家柄を第二の条件として選定されたのに対して、乳母夫やその後に決められた傅は、家柄と政治的力量が優先して決められる傾向にあったこともわかった。

では、源家の嫡流《ちゃくりゅう》以外の庶子《しょし》にはどんな乳母が付けられたのであろうか。

頼朝庶子の乳母

文治《ぶんじ》二年（一一八六）、頼家が生まれてから四年後、頼朝の庶子「二《に》品《ほん》の若君」が誕生した。母は常陸介藤原時長《ときなが》の娘である。御産所は長《なが》門江七《とごうしち》（大江）景遠《かげとお》の浜宅であった。この女性は幕府に仕える女房であったようである。頼朝が「密通《みっつう》」（『吾妻鏡』文治二年二月二十六日条）したことが露顕《ろけん》したわけである。このことを御台所《みだいどころ》政子は厭《いと》わしくおもったので、周囲の者はお産の間の儀式を省略した、と『吾妻鏡』は記す。御産所は頼家の場合は有力御家人の邸宅「比企谷《ひきがやつ》殿」であったが、この若君の場合は大江景遠宅という、御家人の私宅であった点が異なる。

大江景遠の先祖は鎮守府将軍藤原利仁《としひと》であり、祖父は景通《かげみち》で、源頼義《よりよし》に従った武者であったという。景遠はこのように武人の家に生まれたが、大学頭大江通国の猶子《ゆうし》となって藤原を大江に改めたとされる。文官として頼朝に仕えた御家人であったのだろう。関東の有力武士たちの邸宅を御産所とすることは、政子の思いを憚《はばか》ってできなかったのではないだろうか。

この若君の乳母が決められたのは、七歳の時である。建久《けんきゅう》三年（一一九二）四月、乳母のことを頼朝は野三刑部丞成綱《のさんぎょうぶのじょうしげつな》（小野成綱、後に尾張国守護）、法橋昌寛《ほっきょうしょうかん》、大和守重弘《しげひろ》などに仰せられたが、「面々固辞」したため、長門江太景国《ごうたかげくに》（景遠の子息）に命じている。乳母を引き受ける人がなかったため、御産所に用いた大江景遠の息子を乳母と指定せざるをえなかった事情が示されている。そしてこの子はひそかに景国が連れて京に上るように命じられている。父を将軍として生まれても、母が御台所ではなかったことが、子供の将来を方向づけてしまい、乳母にもなり手がなかったことがよくわかる。この場合につかわれた「乳母」は後見役割を果たすことが期待された乳母一族の意であると考える。

この若君は五月十九日、仁和寺《にんなじ》の隆暁法眼《りゅうぎょうほうげん》の弟子として入室するために上洛していった。

ここで難しい問題に直面する。乳母が決められたことを記す『吾妻鏡』建久三年（一一九二）四月十一日条には、「若君」の注記に「七歳。御母常陸入道姉《ひたちにゅうどう》」と記されている。常陸入道はこの時期「伊達常陸入道念西」に冠《かん》せられる官職であるから、伊達念西《だてねんせい》であったことになる。念西の姉が若君の母である、と建久三年の注記には記されていたことになる。これは、先の藤原時長と相違することになる。伊達念西（朝宗）は文治五年（一一八九）の頼朝の奥州藤原氏との合戦に子息たちをつれて参陣し、佐藤一族を討った。その功で信夫《しのぶ》郡を与えられ、次男以下とその地に入って、伊達を称した。とすれば伊達氏が頼朝に従って従軍する以前に生まれた（文治二年〈一一八六〉生まれ）この子は、伊達念西の姉の産んだ子とするのは、歴史的経過として無理がある、と考える。また伊達念西の姉ならば、頼朝よりかなり年配であった可能性が高い。したがって建久三年の注記は誤りであり、若君の母は藤原時長の娘であると考えるのが正しいと思う。

伊達常陸入道念西の姉ではなく息女が幕府女房になっており、「大進局《だいしんのつぼね》」の名で勤務し、建久二年（一一九一）年のころ頼朝の寵愛を集めていた。実朝誕生の一年前のことである。この女性のことも「若君を生み奉るの後、縡露顕《ことろけん》」とあるので、この直前に若君を産んだのであろう。政子が嫌ったので、大進局は頼朝によって在京の処置が取られ、伊勢国鈴鹿郡三箇山《さんかやま》を拝領している（建久二年正月二十三日条、三年十二月十日条）。大進局が登場するのは、伊達念西の活躍以後のことであり、また念西の娘なら頼朝の新しい「御寵女房《おんちょう》」として年齢的にも合致するので、この人も頼朝の子（法名貞暁《ていぎょう》）を産んでいたことが判明する。三箇山は大進局から貞暁に相続されることになる。しかしこの娘の産んだ若君についての乳母の記載は見られない。乳母などを決める以前に、庶子として、鎌倉から排除されたものと考えられる。

乙姫の乳母夫

政子の長女大姫《おおひめ》は政子と頼朝の婚姻時に生まれた子であったため、「流人《るにん》」であった頼朝の立場と、父北条時政に後から承認された婚姻であったことから、乳母は付けられたかどうかわからない。おそらく乳母はいたのだろうが、実名もさだかでない状態だったのであろう。

政子の次女乙姫《おとひめ》は文治二年（一一八六）生まれである。その乳母は乙姫（字三幡《あざなさんまん》）の亡くなった時に初めて判明する。「乳母夫」として中原親能《ちかよし》が出家したと記されているからである。乙姫の生まれたのは、没年から考えて文治二年（一一八六）である。しかしこの年の『吾妻鏡』には、乙姫生誕の記事はない。頼朝と藤原時長娘の間の男子の誕生は二月二十六日条に記されているにもかかわらず、である。『吾妻鏡』が鎌倉後期以後に編纂《へんさん》された書であり、家督《かとく》の男子継承意識が強くなった時代以後であるため、乙姫の誕生記事は省略されたのではなかろうか。また、同年の藤原時長娘の産んだ頼朝庶子の誕生について、「御台所御厭思甚」と記されているのも、乙姫誕生と関係があると考える。政子の生んだ子が女子で、時長娘の生んだ子が男子であったことから、政子の感情を憚《はばか》った御家人たちは、時長娘の男子出産祝いの行事も省略したのであろう。政子は御家人たちの尊敬する「御台所」であったからである（前掲拙著『幕府を背負った尼御台』参照）。

乙姫は十三歳の正治元年（一一九九）の三月から重い病気に見舞われ、憔悴《しょうすい》し、京都から呼ばれた医師時長の治療（朱砂丸《しゅしゃがん》を飲ませる）にもかかわらず、目の上に腫《は》れ物が生じて、ついに六月三十日、十四年の短い生涯を閉じている。懸命に看病に努力した政子の「御歎息」は激しかった。洛中の重事に携わっていた中原親能は、六月二十五日になってやっと鎌倉に戻ってきたのであるが、姫君の遷化《せんげ》によって出家を遂げている。この時の親能に冠せられた称号は「乳母夫」である。乙姫は親能の亀谷《かめがやつ》堂の傍らに葬られている。葬列には北条義時、大江広元、小山朝政ら重臣たち十二人が供奉したが、悲しい別れであった（正治元年六月三十日条）。

乙姫の乳母夫中原親能は、康治二年（一一四三）の生まれであるから、頼朝より四歳年長であり、最初源雅頼《まさより》の家人《けにん》となり、その子兼忠の乳母夫になったという（『玉葉《ぎょくよう》』寿永二年九月四日条）。したがって平安時代末期に源氏の一族の乳母夫を経験していたことがわかる。乙姫の乳母夫としては、親能はほとんど養育や後見役割を果たす暇はなかったと考えられる。なぜなら寿永三年（一一八四）から建久十年（正治元・一一九九）のこの時まで、京と鎌倉を行き来し、頼朝の使節を務めたり、「公事奉行人」に任じられるなど、重要な位置にいて、活躍していたからである。乳母夫はほぼ名誉職という形であったと考えられる。しかし、京都の公家政権との関係の形成に最も強い親能は、乙姫を将来公家政権との良好な関係の形成に用いたいという頼朝の思惑《おもわく》から考えて、乳母夫として最もふさわしい人物であったと思う。実質的な乳母夫としての養育役割ではなく、将来の乙姫の婚姻先の選定に対する期待から、中原親能は乳母夫に選ばれたのではないかと考える。乙姫の遷化によって、その期待は消滅し、親能は乳母夫の役割を終えて、入道《にゅうどう》したのであった。入道は、せめてもの親能の乙姫に対する乳母夫としての悔やみ・一体感の確認であったのであろう。以後彼は「掃門頭入道寂忍」と称した。親能は全国に多くの所領を拝領したが、その殆《ほとん》どは公事奉行人や京都守護など彼の本来の役割によって獲得したものであろう。しかし、乳母夫であることによる、源家の信頼の厚さによって得た所領もあったのではなかろうか。

善哉(公暁)の乳母

頼家の子は三人が記録に残っており、一人は若狭局《わかさのつぼね》(比企氏)の生んだ一幡《いちまん》であり、二人目は賀茂重長の娘の生んだ公暁《くぎょう》(幼名善《ぜん》哉《さい》)、三人目は木曾義仲の娘の生んだ竹御所《たけのごしょ》である。公暁が生まれたのは正治《しょうじ》二年(一二〇〇）、頼朝の死の翌年、頼家の短い政治も終わった後のことであった。頼家が建仁三年（一二〇三）に日本の半分の地頭職《じとう》を譲与した一幡は、建久九年（一一九八）生まれであるから、母の位置から見ても、生まれた順序から見ても、公暁が頼家の後継者となるには、難しい位置にいたことがわかる。しかし異母兄一幡は建仁三年、六歳で殺されてしまったので、公暁が頼家の直系の男子となる。ところが将軍職は同年、実朝のものになり、頼家も翌元久元年（一二〇四）殺害されたため、公暁は元久二年、鶴岡八幡宮寺別当尊暁《そんぎょう》の門弟《もんてい》になる。六歳の公暁が望んだわけではなく、「尼御台所の御計によって」とあるように、政子の考えでなされたことであった。建永《けんえい》元年（一二〇六）六月、七歳になった公暁は、政子の屋敷で「着袴《ちゃつこ》の儀」を行い、元服をすませると、十月、再び政子の仰せによって、将軍実朝（十五歳）の猶子《ゆうし》となっている。公暁が幕府に足を踏み入れたのはこの時が最初である。そしてこの猶子関係が成立した時に「乳母夫」が初めて登場する。乳母夫三浦義村《みうらよしむら》は「御賜物等」を献上したのである。

以上の経過から見て、公暁の乳母については、名のある御家人が養育したらしい形跡はないので、七歳まで乳母と呼べるような人は付けられていなかったと思われる。七歳になり、元服をし、実朝の猶子になるという、政治の表舞台に登場したことで、名のある乳母が必要となり、三浦義村が選ばれたのであろう。この選定もおそらくは、それまでの経過から見て、政子が尼御台所として決めたものであろう。

公暁の身にはその後、母の落飾《らくしょく》、公暁自身の落飾（建暦元年〈一二一一〉、公暁はその時以後の法名）、上洛、園城寺《おんじょうじ》での修行（五年九ヵ月）と、さまざまな変化が訪れたが、政子に呼び戻されて建保《けんぽう》五年（一二一七）に鶴岡八幡宮寺別当職に就くことになった。政子としては、頼家の遺児が実朝の猶子として生き残り、仏道に励んでくれれば、実朝も公暁も互いの立場を両立できると安堵《あんど》していたことと思う。

しかし事態は政子の希望のようには運ばなかった。建保六年十二月、公暁は鶴岡八幡宮寺に参籠《さんろう》し、退出せずに、祈り続けた。髪も伸び放題で、頭を剃《そ》らなかったので、周囲の人々は怪しんだ。それに加えて大神宮その他の諸社に使節を送る、と将軍邸に伝えてきた。おそらくは心中に期するところがあったのであろう。

翌年承久《じょうきゅう》元年（一二一九）の一月二十七日、昨夜からの雪が二尺ばかりも積もっていたこの日、実朝が鶴岡八幡宮で右大臣拝賀の神拝を終わり退出したところ、待ち受けていた公暁に討たれるのである。その後の動きは拙著『幕府を背負った尼御台――北条政子』に詳しく述べたので、ここでは乳母夫としての三浦氏との関係部分だけを抽出してみる。

公暁は「父の敵《かたき》を討つ」といって実朝を剣で刺し殺した後、実朝の首を持って後見役《こうけん》の立場にあった備中阿闍梨《あじゃり》の雪下北谷の宅に向かい、そこに入る。そして乳母子である弥源太兵衛尉を三浦義村の元に使者として遣わし、「今将軍に闕《けつ》ができた、自分は関東の長である、早く計略を巡らすべきである」と、この謀略に加わることを求めたのである。三浦義村の息子「駒若丸」も同じく門弟であったので、その誼《よしみ》をあてにしていたのであろう。

乳母夫三浦義村

弥源太兵衛尉は「乳母子」とあるから、公暁の本当の乳母（幼少時より養育に携わった乳母）の子であったのであろう。身分は低かったと考えられる。それに対して駒若丸は、形式的な乳母子であったと思われる。義村が建永元年（一二〇六）に乳母夫に選定されて以後、義村の子息で、同じく門弟であったというだけの関係であったのだろう。幼少時に一緒に育った乳母子と養君は主従関係と兄弟との二つの絆でしっかりと結ばれており、行動を共にすることが始めから期待されており、乳母子もその期待どおりに行動していることがよく示されている。

三浦義村は公暁の期待に背き、北条義時にこのことを知らせ、義村が長尾を遣わして公暁を討つのである。

公暁の父は頼家、母は賀茂重長《かもしげなが》の娘である。母は源為朝の曾孫《そうそん》にあたる。こうした血筋からいえば、公暁に実朝の次の将軍の座が回ってくる可能性はあった。政子もこのことを考慮した上で、園城寺で修行させ、八幡宮の別当《べっとう》にしたのであろう、しかしこうした周囲の思いを排して、公暁自身は父の敵討ちを優先させた、というのが実情であったと思われる。乳母夫三浦氏は政治的に配慮されて選ばれた乳母夫であったために、政治的な判断のもとに、北条氏に付くことを選んだと考える。

武士の乳母とは

鎌倉時代の武士の乳母について実例に則して考えてきた。公暁にも幼少時より養育した乳母がいたことが推測されたように、乳母を付けるのがほぼ慣例になっていたように思われる。養君と一緒に育った乳母子は、養君と生死を共にするほど強い絆《きずな》で結ばれた。それは、兄弟のように育ったという、擬制的《ぎせいてき》親族関係によるとともに、養君と乳母・乳母子は主従関係でも結ばれていたからである。頼朝が乳母に所領を給与し、乳母子を御家人として引き立てたのはこれをよく示している。こうした実質的な乳母の他に、養君が成長してから付けられる形式的な乳母・乳母夫も発生した。こうした乳母、特に乳母夫には、後見役割が期待されたのである。後見役割のみを期待されたこうした乳母・乳母夫は、政治的な配慮によって決定される有力者が多かったから、中原親能のように、公務の忙しさから十分に勤められない者や、三浦義村のように、政治的判断を優先させて乳母夫役割を捨て去る者も現れた。政治的に乳母が決められたという点からいえば、庶子の乳母にはなり手がない、という事態も見られた。

総じて乳母は幼少時の養育と教育を担当するべきものと鎌倉武士階級では考えられていたと思われる。養君が元服するころになると、教育を専門にする「傅《もり》」へとバトンタッチするべきだ、との考えも、実朝の時代から、特に上層階級から見られ始めたことも注目したい。乳母や乳母夫、傅と傅母として、女性だけでなく男性武士たちが積極的に次世代を担う養君の養育と教育に関わり、それは乳母夫婦だけの問題ではなく、一族を挙げての取組であったことが明らかにできたのではないかと思う。

南北朝・室町期の乳母

南北朝期の乳母の実態と乳母観

足利基氏の乳母子上杉憲顕

鎌倉幕府に叛旗《はんき》を翻《ひるがえ》した武士の中心にいたのは足利尊氏《あしかがたかうじ》である。鎌倉末期より、足利家の乳母は上杉氏《うえすぎし》が務めている。『鎌倉大草紙《かまくらおおぞうし》』には上杉憲顕《のりあき》について足利尊氏の二男基氏《もとうじ》の「乳母子」であった、と記しているからである。足利氏と上杉氏の関係を図20に記す。

系図のように、上杉氏は頼重《よりしげ》の姉妹が足利頼氏《よりうじ》の妻となり、ついで頼重の娘清子《きよこ》が足利貞氏の妻となる、という二代にわたる婚姻関係をもっていたのである。

『鎌倉大草紙』のこの記述によれば、足利貞氏と上杉清子の子が尊氏であるから、尊氏の子息基氏は清子の兄弟上杉憲房《のりふさ》夫妻が乳母夫婦として養育したことになる。『鎌倉大草紙』は憲房の次男憲顕について次のように説明する。

憲房の二男民部大輔《みんぶだゆう》憲顕山の内の先祖是也。此人は尊氏公と錦小路殿、御兄弟不和の時、錦小路殿の味方に参りしゆえ、将軍御にくみありけれども、賢者第一の人にて、関東のかため此人にあらずんば叶まじと思召《おぼしめし》ければ召出されけり。其上基氏公の御乳母子にておさなきよりいだきそだて申されける間、旁々《かたがた》然るべき由にて越後安房両国を下され、鎌倉の御後見にて山の内殿の先祖是也。此子孫代々管領《かんれい》たり。

20　足利氏・上杉氏関係図

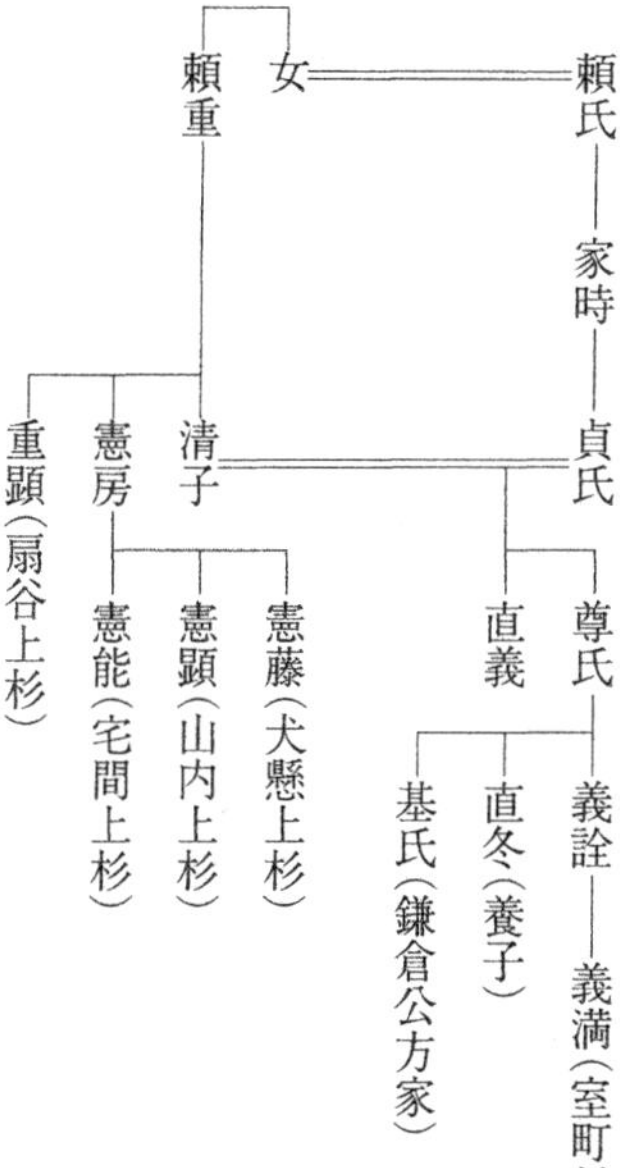

上杉憲顕は足利基氏の大叔父の子にあたる。さらに乳母子として、基氏の幼い時から一緒に育ち、足利家を保護するという意識が強い環境に育っていたことがわかる。その上「賢者第一の人」と言われるほどの立派な人物で、足利家の支えとしてふさわしい人であったことが知られる。

上杉氏が足利家の婚姻相手として、また乳母夫妻として鎌倉後期に重んじられたことがわかった。上杉氏の成立を尋ねると、出自は勧修寺《かじゆうじ》流藤原氏の高藤《たかふじ》に行き着く。その子孫で丹波国何鹿《いかるが》郡上杉荘（現、綾部市上杉）を領有した重房《しげふさ》が、この本拠地の名を取って上杉氏を称したという。重房は建長四年（一二五二）宗尊親王《むねたかしんのう》に付き従って鎌倉に下ったと伝えられている。その後は鎌倉の地に屋敷を持ち、宗尊親王に仕える傍ら、関東武士との関係を深めていった結果、重房の娘の足利氏との婚姻が成立したものと考える。上杉清子が婚姻以前に成長した土地が丹波《たんば》国上杉であったことを考えると、上杉氏の所領も足利氏の保護の下にあったことが推測され、また足利尊氏の旗揚げが丹波篠村《しのむら》八幡宮でなされたことの意味も、上杉氏を初めとする周辺国人層の揺るぎない支持の結果であると考えられる。

尊氏の次子基氏は貞和《じようわ》五年（一三四九）義詮《よしあきら》に代わって関東管領《かんとうかんれい》になり、鎌倉に下る。

上杉憲顕も同道した。先述の『鎌倉大草紙』によれば「関東のかためは、この人でなくては叶わない（できない）」と尊氏が判断したからである。実際には『太平記《たいへいき》』によると、基氏の執事として関東に下されたのは高師冬《こうのもろふゆ》（師直《もろなお》の猶子《ゆうし》）であり、師冬と上杉憲顕が共に「東国の管領」として置かれたのだという。しかし、この後上杉氏は関東の武蔵七党などを従えて高師冬に背《そむ》いたため、甲斐国で師冬は討ち死する。その後上杉憲顕は直義《ただよし》方として観応擾乱《かんのうのじょうらん》に加わったため、尊氏から上野・越後守護職を取り上げられた。文和《ぶんな》元年（一三五二）直義が毒殺されると、直義派を貫いてきた上杉憲顕は鎌倉を出て、北国《ほっこく》で十年間雌伏《しふく》の時期を過ごす。そしてついに康安元年（一三六一）関東執事畠山《はたけやま》氏が基氏に追放されたので、翌年憲顕は上野・越後守護に復し、貞治二年（一三六三）関東管領に返り咲いた。前越後守護宇都宮頼綱《うつのみやよりつな》らが抵抗したが、足利基氏（この時二十四歳）・上杉憲顕（五十八歳）はこれを打ち破り、関東を平《たい》らげた。足利基氏を擁しての上杉憲顕の覇権《はけん》はこうして確立したのである。

この経過を見ると、上杉憲顕が乳母《うば》一族としての基氏との関係を切り札に、関東に覇権を確立したのは、足利直義の死後であることがわかる。直義生存中は直義への親近感が第一におかれ、基氏との関係は二の次であった。直義が亡くなってから、乳母夫妻としての人脈を活用して関東で勢力回復をはかったように受け取れる。上杉憲顕の場合、自らの関東における勢力扶植《ふしょく》と管領職の確保という戦略の上で、乳母であるという関係が利用された、といえるのではなかろうか。

北条時行の乳母

同じく南北朝期の北条方を見ると、鎌倉幕府最後の執権北条高時《ほうじょうたかとき》の次男時行《ときゆき》の乳母の姿が『太平記』に残っていることがわかる。

鎌倉幕府の滅亡時、北条高時の長男邦時《くにとき》（万寿丸《まんじゅまる》）は五大院宗繁《むねしげ》に連れられ、次男時行は叔父泰家《やすいえ》の命を受けた得宗《とくそう》被官諏訪盛高《すわもりたか》に擁され鎌倉を逃れた。しかし邦時は宗繁の裏切りにあい、新田義貞《にったよしさだ》に捕らえられ、切られるが（時に十五歳）、時行は諏訪氏の力で逃げおおせ、信濃《しなの》の諏訪神党に匿《かくま》われる。

諏訪盛高は北条氏の一門がほぼ皆自害し、高時一人が葛西谷《かさいがやつ》に生き残っているという、最期《さいご》が近づいた状況の中で、時行をまず高時の妾《しょう》である二位殿《にいどの》の御局《おつぼね》のいた扇谷《おうぎがやつ》に伴う。御局や乳母の女房たちは喜ぶが、この子をこっそり落ち延びさせ、再起をはかろうと心に決めていたので、彼女らに向かって諏訪盛高は次のように述べる。「武士ノ家ニ生レン人、襁《むつき》ノ中ヨリ懸ル事可レ有ト思召《おぼしめさ》レヌコソウタテケレ」。武士の家に生まれたからには、女性であっても、赤子の時から自害せねばならないこともある、と覚悟するのが当たり前である、というのである。そういって時行を抱きとって、鎧《よろい》の上に背負って門の外に走った。ワッと泣く声がしたので、振り返ると、「御乳母ノ御妻」が歩跣《かちはだし》で人目も憚《はばか》らず走りだし、四、五町の間は泣いては倒れ、倒れては起き、後を追ってきたが、落ち行く先を知られてはいけないと、盛高は馬を進めたところ、乳母には盛高の後ろ姿も見えなくなった。「御妻」は、「今ハ誰ヲソダテ、誰ヲ憑《たのん》デ可レ惜命ゾヤ」と思って、その辺りにあった古井戸に身を投げて、終《つい》に空《むな》しくおなりになった、という（『太平記』巻第十）。信濃へ落ち延びる直前のことであった。

この乳母の姿は、おそらくは男性の『太平記』の作者の作り上げた像であり、乳母の考えとして書き残された部分は作者の感慨であったのだろう。つまり男性の目から見た南北朝期の乳母とは、養《やしないぎみ》君を立派に養育し、成長の暁《あかつき》にはその養君の家臣として、尊重されつつもお仕えし、命の限り主従関係を再生産するものである、と考えられていたことがわかる。乳母は養君が目の前からいなくなった時、特に養君が死去したら、乳母の役割を終えるべきだと思われていたことになる。養君が死ねば乳母も同じく殉《じゅん》死《し》するべきだ、というのが南北朝期の武士階級の社会通念であったと考える。

時行と諏訪氏はその後建武《けんむ》政権の瓦解《がかい》の中で、反建武政権の一角に位置付けられ、諏訪氏、滋野《しげの》氏らの力で一時鎌倉を奪還《だつかん》するが、京都から攻め上《のぼ》った尊氏に敗れ、諏訪氏（頼重）は自刃《じじん》、鎌倉は足利氏のものとなり、尊氏自身が建武政権への叛意《はんい》を明確にする（建武二年〈一三三五〉の中先代《なかせんだい》の乱）。時行は建武四年（一三三七）後醍醐《ごだいご》天皇から南朝《なんちょう》として認められるが、観応擾乱の時、新田氏とともに鎌倉で兵を挙げる。しかし再び尊氏に敗れ、正平八年（一三五二）尊氏方により鎌倉西郊で処刑された。

時行は早い時点で乳母を失っている。そのことがその後の苦難の道をより厳しくしたのではないだろうか。

公家西園寺氏の乳母

南北朝期には公家《くげ》の日野氏や西園寺《さいおんじ》氏の動向が政治を動かすことが多かった。その西園寺氏の当主公宗《きんむね》について見てみよう。

西園寺氏は鎌倉前期の公経《きんつね》の時、太政大臣《だじょうだいじん》を務めていたが、鎌倉幕府に誼《よしみ》を通じており、承久《じょうきゅう》の乱に際して関東に内通《ないつう》したことによって、北条義時《よしとき》が利を得たとして、「子孫七代迄、西園寺殿ヲ可﹅憑申﹅」と言い置いたという（『太平記』巻第十三）。鎌倉幕府の信任の厚さゆえに朝廷においても重んじられ、代々の皇妃も多くはこの家より出ており、諸国の官職も半ばはこの一族である、といわれたほど、鎌倉期の後半には繁栄した公家であった。図21の掄子《りんし》は九条道家室で、将軍になった藤原頼経《よりつね》の母である。姞子《きつし》は大宮院《おおみやいん》と呼ばれ、後嵯峨《ごさが》天皇の中宮《ちゅうぐう》で、後深草《ごふかくさ》天皇と亀山《かめやま》天皇の母である。公子《こうし》は東二条院と呼ばれ、後深草天皇の中宮であった。嬉子《きし》は今出川院《いまでがわいん》と呼ばれ、亀山天皇の中宮であったし、鏱子《しょうし》は永福門院《えいふくもんいん》で、伏見《ふしみ》天皇中宮、瑛子《えいし》は昭訓門院《しょうくんもんいん》といわれ、亀山天皇准《じゅん》母《ぼ》、禧子は礼成門院《れいせいもんいん》といい、後醍醐天皇中宮、寧子《ねいし》は広義門院《こうぎもんいん》と呼ばれ、後伏見天皇妃で光厳《こうごん》天皇と光明《こうみょう》天皇の母である。西園寺家は、鎌倉期歴代の天皇の妃を出しつづけた名門公家であることがわかる。

内大臣実衡《さねひら》の子息として延慶《えんきょう》二年（一三〇九）に生まれた公宗《きんむね》の母は、藤原為世《ためよ》の娘で昭訓門院（系図上の瑛子）に仕える「春日局《かすがのつぼね》」という女房であった。公宗は十六歳で参議《さんぎ》になり、それ以後加速度的に出世する。翌年権中納言《ごんちゅうなごん》、その翌年、父の死によって関東申次を兼ね、元徳《げんとく》二年（一三三〇）には権大納《ごんだいな》言《ごん》となる。しかし、西園寺氏が頼りにしていた鎌倉幕府は滅び、後醍醐天皇の親政《しんせい》を迎える。そのた

21　西園寺氏略系図

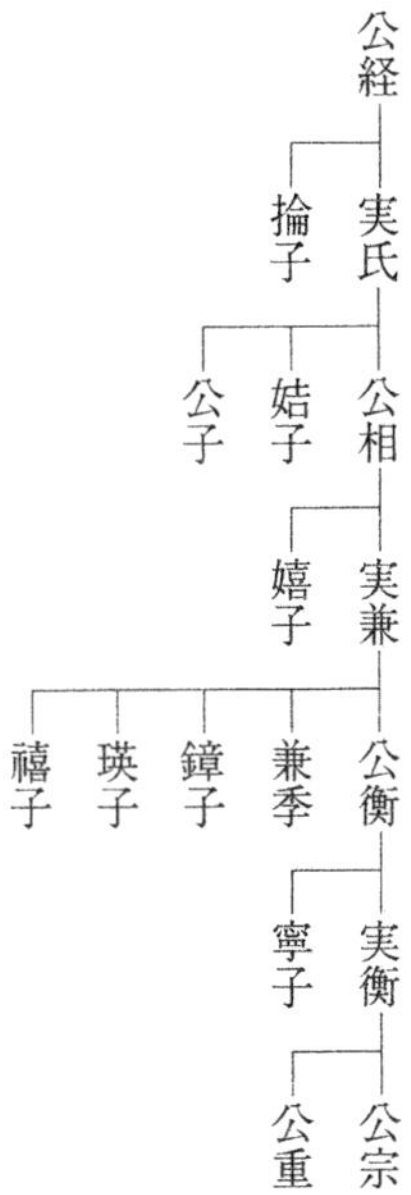

め、西園寺氏の威勢は格段に落ちてしまい、大叔母禧子が後醍醐天皇の中宮であることを頼りにするほかなくなった。

それまでのいきさつから、公宗は鎌倉北条氏に加担《かたん》する。高時の弟泰家（時興《ときおき》）を邸内に匿い、泰家と陰謀《いんぼう》を計画し、泰家を京都の大将に、甥の時行（前項で述べた）を関東の大将に、名越時兼《なごしときかね》を北国の大将にと定めて、番匠《ばんじよう》を呼んで邸宅「北山殿《きたやま》」の湯殿《ゆどの》を改築し、後醍醐天皇を行幸《ぎようこう》の際に殺害しようと謀《はか》った。しかし直前に公宗の弟公重《きんしげ》の知らせで天皇は難を逃れ、公宗は捕らえられ名和長年《なわながとし》の手で斬られた。

乳母と実母

『太平記』によれば、公宗が捕らえられていた時、中院定平《なかのいんさだひら》の心遣いで公宗の「北ノ方」はこっそり公宗に会いに行き、生まれ来る子の行く末を頼まれ、琵琶《びわ》の譜を渡される。その後、北の方が隠れて見ている前で、夫は首を落とされる。北の方が邸宅に帰ってみれば青侍官女も皆逃げ散っており、邸宅は荒れ、西園寺の一跡《いつせき》は密告した竹林院中納言公重（公宗の弟）が賜っていた。しかたなく北の方は仁和寺《にんなじ》の傍らのあばら家に移る。公宗の百ヵ日に当たる日、若君を出産する。そのありさまを『太平記』は次のように伝える。

アハレ其昔ナラバ、御祈ノ貴僧高僧歓喜ノ眉ヲ開キ、弄璋《ろうしよう》ノ御慶天下ニ聞ヘテ門前ノ車馬群ヲ可《なす》レ成《べき》ニ、桑ノ弓引人モナク、蓬《よもぎ》ノ矢射ル所モナキアバラ屋ニ、透間ノ風冷ジケレドモ、防ギシ陰モカレハテヌレバ、御乳母ナンド被レ付マデモ不《かな》レ叶《わず》、只母上自《みずから》懐キソダテ給ヘバ（後略）

上級公家ならば、正室の出産時には安産を祈る高僧貴僧が揃って読《ど》経《きょう》し、無事生まれれば、喜びの声をあげ、男子誕生の際に与える璋《たま》のおもちゃなどを携えた喜び祝うお使いが門前に群れをなすのに、今の西園寺家ではそんなこともない、本来なら桑の木で作った破魔弓《はまゆみ》に蓬の茎《くき》ではいた矢をつがえ、天地四方を射るのに、そんなことも思いもよらないあばら屋に住んでいるから、隙間の風も凄まじいが、それを防ぐ陰もない。つまり、赤子を育て守ってくれる父親は死んでしまったので、乳母を付けることなど叶わないから、母親自らが抱き育てられた、というのである。

公家・武家を問わず、上層階級では、お産の行事は源頼家誕生時に同じく、賑々《にぎにぎ》しいものであったことがわかる。そしてお産と同時に乳母が付けられ、授乳し、養育を担当するのが普通で、乳母を置けない経済状態に転落した時のみ、母親が自ら育てるのが当時の習慣であったと考えられる。

追手《おって》はこの子を差し出すようにと言ってきたが、北の方の悲嘆《ひたん》と、隠し通して渡すまいとする意志を知った春日局の機転で、後醍醐天皇もそれ以上追及せず、その後天下は足利将軍家の時代になったので、この子は朝廷に仕え、西園寺の跡を継いだ。これが北山の右大将実俊《さねとし》である、と『太平記』は述べる。

これらは乳母や実母の堅い意志が養君の命を救うこともあるという実例である。

室町期の乳母

足利家の乳母・伊勢氏

足利尊氏《あしかがたかうじ》以来の室町将軍家の乳母は、どのような人々が務めたのであろうか。これまでの学説では、足利義政《よしまさ》代からの乳母として伊勢《いせ》氏が有名であることから、足利尊氏代以来、将軍家の乳母は伊勢氏が務めてきたように受け止められていた。たしかに伊勢家の家伝《かでん》によれば伊勢貞継《さだつぐ》は足利尊氏の烏帽子子《えぼしご》であったので、尊氏を養育した、と記されている。これを信じれば貞継時代から足利家の家臣として伊勢氏は鎌倉末期には行動していたことになる。桑山浩然氏によれば、元徳《げんとく》二年（一三三〇）の文書に、足利氏が守護であった上総国の守護代として伊勢九郎宗継《むねつぐ》が見えるとされる。両史料を考え合わせれば、鎌倉末から足利氏に家臣化した伊勢氏は南北朝期には足利氏の台頭の波に乗って、一族本宗家《ほんそうけ》を守護代にするまでの勢力伸長を達成していたことになる。

この伊勢氏は以後の室町期、守護代クラスの武士として発展するのではなく、官僚としての道を主に選択することになる。足利尊氏の烏帽子子という伝承をもつ伊勢貞継は康暦《こうりゃく》元年（一三七九）政所執事《まんどころしつじ》になっている。一倉喜好氏の研究によればこの年を境に、二階堂《にかいどう》氏から伊勢氏へと政所執事職が移行し、以後伊勢氏は「政所政治」を出現させる（「政所執事としての伊勢氏の抬頭について」『日本歴史』一〇四号、一九五七年）。その後一例（二階堂氏）を除き、代々政所執事は伊勢氏の世襲《せしゅう》という形態が戦国時代まで続くのである。一族は右筆《ゆうひつ》となっている者、御番衆《ごばんしゅう》に名を連ねているものなど、さまざまな形で将軍家に仕えているが、なんといっても本宗家が政所執事として幕府経済を管掌していた役割は大きい。文官閣僚として伊勢氏は室町幕府に多大の貢献をし、またそのことで将軍家に対して大きな発言力を有していたと考えられる。

こうした伊勢氏の台頭がなぜ可能であったかについては、伊勢氏が将軍家の子を養育したからであろうとされてきた。しかし室町初期の伊勢氏が将軍の子を養育したという確たる証拠となる史料は見つかっていない。足利義政代に義政が伊勢氏を「御父《おんちち》」「御母《おんはは》」と呼んでいる史料は存在する。この史料と、伊勢氏の幕府内における急速な立身出世《りっしんしゅっせ》とが組み合わされて、将軍の子を代々養育したという思い込み・伝説が作り上げられたのであろう。

伊勢氏とは

伊勢氏は「伊勢流故実《こじつ》」の伝承者としても中世・近世には有名になる。とくに近世においてはそうである。この点に関しても、二木謙一氏は伊勢流故実の基盤が形成されたのは貞親《さだちか》・貞宗《さだむね》の代であり、故実を家職《かしょく》とするのは室町末期であったとして、それ以前に故実家としての側面を見ることに反対し、応仁《おうにん》の乱後、戦国大名、公家《くげ》、徳川家に、相伝《そうでん》の故実を披露《ひろう》して時代を乗り切った、と述べている（「伊勢流故実の形成と展開」『中世武家儀礼の研究』吉川弘文館、一九八五年）。二木氏の見解のとおり、

22　伊勢氏本宗家系図

俊継―盛継―貞継―貞信―貞行―貞国―貞親―貞宗―貞陸―貞忠―貞孝―貞良
貞親＝蜷川親心女
貞孝―貞景―於菊
貞景―於鶴
貞孝―女（池田庄九郎妻）

室町期にはまだ故実家としての伊勢氏を重視することはできない。政所執事としての本宗家と番衆などになっている庶子家が、室町期の伊勢氏の実像であったといえる。

以上は伊勢氏一族の男性についての研究とそれに加えての私見である。一方、伊勢氏一族の女性の役割についての研究は少ない。数少ない研究史の中で、著者が書いた旧稿の中で明らかにした点は、足利義政の側にいる女房の中に伊勢氏出身の女性がいること、糺河《ただすが》原勧進猿楽《わらかんじんさるがく》の見物の大名衆に混じって、伊勢氏の妻と母がいること（拙著『女人政治の中世』講談社現代新書、一九九六年）、伊勢氏は公家を中心に婚姻関係を結んでいるが、本宗家の婚姻相手は庶子家のそれよりも高位にあり、守護大名や寺家との結びつきもはかられていたこと、また戦国末期に「おきく」という豊臣秀頼《ひでより》の「大上臈《だいじょうろう》」を輩出《はいしゅつ》することによって、いったん没落した伊勢氏が回生していたこと（拙稿「中世の家と教育」『日本中世の社会と女性』所収、吉川弘文館、一九九八年）などである。これらの点をもう一度洗いなおして、伊勢氏の乳母役割の意味を考えてみよう。

女房としての伊勢氏の女性

足利義政に仕える女房には「大上臈」「小上臈」「中臈」「下臈」の四つの身分があり、その最上級の「大上臈」中に伊勢氏の女性がいるのである。『大上臈御名之事《みなのこと》』に見える足利義政方の「大上臈」の総人数は二十八人であり、彼女らは花山院、徳大寺、菊亭、三条、西園寺、日野町、武者小路、柳原などの公家と、善法寺という社家《しゃけ》、法性寺という寺家《じけ》、山名《やまな》、一色《いっしき》、稲葉という武家、それに伊勢、大館《おおだち》という室町幕府吏僚家から出ていることがわかる。つまり義政時代の義政に仕える上級の女房たちは、武士からも公家からも、寺社や幕府の官僚からも満遍《まんべん》なく出されていたことがわかる。室町幕府の将軍家が、公武寺社官僚の全ての上に立つ位置を獲得していた証拠が、この女房の出自の中にあると考える。一方、御台所《みだいどころ》日野富子《ひのとみこ》の上級女房は、というと、「大上臈」は義政のそれよりも小規模であり、総勢六人で、出自は日野氏の家礼《けらい》松波氏、「さいしゅ」氏、「あまづ」氏、織田氏である。日野家の家臣松波氏や、守護斯波《しば》氏の守護代織田氏が富子方の女房として挙げられていることから見て、義政の上臈よりも一段ランクの低い階層から女房が出ているのではないかと推測される。

この史料の標題は『大上臈御名之事』であるが、実際の女房名から判断して、義政の側に仕える二十八人は上臈と中臈であり、富子のそばに仕える六人は中臈であると考えられる。ここにおいても将軍義政と正室富子の女房衆の間には、落差が設けられていたことがわかる。また義政の側に仕える上臈・中臈二十八名が、同時に出仕したのか、時期がずれていたかは不明であり、義政代の上臈・中臈のうち、後世の伊勢氏の記憶に鮮明なものの

23　足利義政の上臈、富子の上臈

上臈名	出自
〔義政方〕	
上臈	花山院
ちゃ〳〵上臈	徳大寺
上臈	菊亭
め、上臈	三条
わか上臈	三条
あぶら上臈	西園寺
大納言殿	松木
あちゃち上臈	町(日野町)
あにゃ〳〵上臈	
こかれう人(久我寮人)	三条
あちや上臈	武者小路
あや、上臈	柳原
近衛殿	善法寺
とう(藤)大納言殿	飛鳥井
新中納言殿	藤宰相
新大納言殿	伯
御やち	山名
御あちゃ〳〵	伊勢
御ま五	大舘

24　足利義政(東京国立博物館所蔵)

	中納言	法しやう寺
	御いと	法しやう寺
	御五い	一色
	御いままいり(今参)	大舘
	御ひろいをば	
	春日殿	堀川の姪
	新兵衛のかう(督)の殿	
	こ(小)宰相殿	
	民部卿殿	伊勢の稲葉
〔富子方〕	高倉殿	日野まつなみ(松波)
	めゝこ	松波
	宰相殿	さいしゆ
	こじゝう(小侍従)殿、小督殿	あまづかうづけ(上野)
	宮内卿殿	
	うちをうぢ(宇治大路)	尾張の織田

みが記されたものとも考えられる。そうした義政の上臈の一人が、伊勢氏出身の女性であった。

この人の女房名は「御あちゃちゃ」といった。しかしこれは、ある時点での女房名であり、女房名は位が上がるにしたがって変わる。であるにしても、義政の側近く仕える上臈の中に、伊勢氏の女性がいたことは重要である。政所執事を務める本宗家の活躍を、義政の女房となった伊勢一族の女性がいつも支えていただろうことは容易に推測できるのである。

足利義政の乳母

伊勢貞親夫妻

乳母との関連で述べれば、伊勢貞親《さだちか》夫妻は足利義政《よしまさ》を養育したことにより、「御父《おんちち》」、「御母《おんはは》」と呼ばれた（『親元《ちかもと》日記』寛正《かんしょう》六年など）。まさに足利義政の乳母・乳母夫の立場にあったのは伊勢氏であった。将軍家が鞍馬寺《くらまでら》修造のために催した勧進猿楽が、寛正五年（一四六四）四月、糺河原《ただすがわら》で催された際、伊勢氏夫妻も見物している。まず、中央に設《しつら》えられた円形の舞台の周りには、神の座席を中心に、桟敷《さじき》が造られており、神の座敷の両側に公方《くぼう》義政と御台《みだい》富子の座席があり、義政の隣には義視《よしみ》、ついで「青蓮院殿《しょうれんいん》」、「梶井殿《かじい》」という皇族、管領《かんれい》、畠山、山名《やまな》、一色《いっしき》、京極《きょうごく》、土岐《とき》の大名衆と「民部卿法眼《みんぶきょうほうげん》」の席が並ぶ。一方、富子の隣には日野、二条、聖護院《しょうごいん》、三宝院《さんぽういん》、大

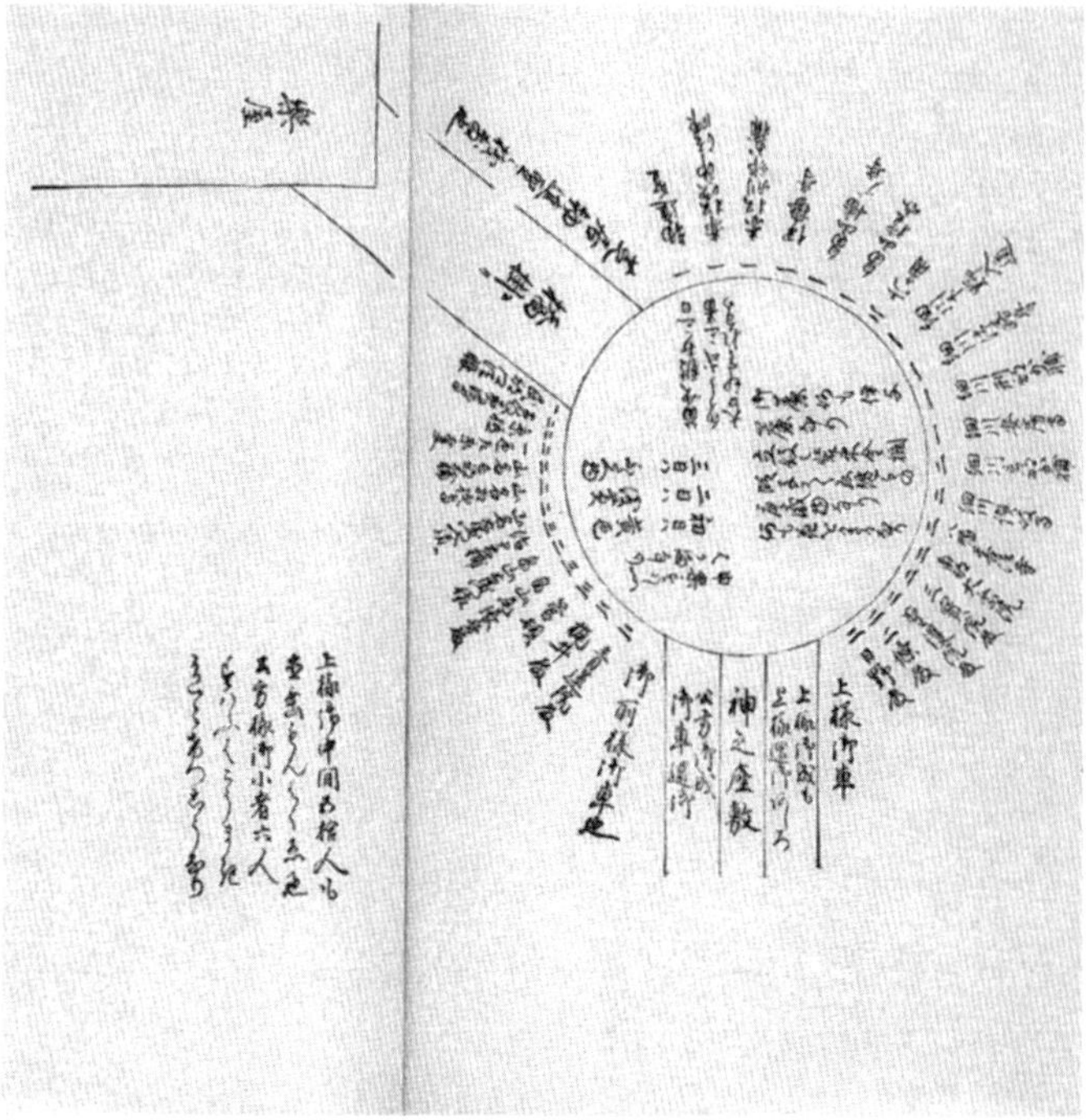

25 『異本糺河原勧進申楽記』（宮内庁書陵部所蔵）

乗院、善法寺、細川、六角《ろっかく》、畠山《はたけやま》、伊勢、赤松それに勧進聖《ひじり》の座席が取り巻くのである。舞台の周りは管領を初めとして守護大名、公家、寺社、官僚の主だったものが桟敷を構えて取り巻いていたことがわかる。鞍馬寺修造のために歩いた勧進聖の座席も橋掛《はしが》かりの側ながら、設けられていることが注目される。この猿楽は、寛正の大飢饉《ききん》の終了を天下に告げ、将軍家の権威を保つための、武家から勧進聖までの上下一体となった和合《わごう》のセレモニーであった（拙著『女人政治の中世』）。日野富子はこの勧進猿楽を転機に、日野重子《しげこ》に代わって政治の表舞台に登場する。御台所としての地位を、これを機に公、武、庶民に知らしめたのであった（前掲拙著）。

こうした大事な行事「紀河原の勧進猿楽」に、伊勢氏の当主は桟敷の一つを占める形で出席していた。その妻は、『紀河原勧進猿楽日記』によれば、伊勢守の母とともに、富子以外の大名衆以上の女性としては二人だけが、見物していたことがわかる。ただし、義政や富子の女房《にょうぼう》たちは中間《ちゅうげん》や小者《こもの》たちと共に見物している。特に富子の中間は五十人も「直垂《ひたたれ》、もんはくゑ」の正装で見物している（前掲拙著）。したがって女房衆も大勢見物していたと推測されるが、上層の見物人の中の女性は、富子と伊勢氏の二人だけであった。伊勢氏の妻が特に見物人に加えられたのは、義政の将軍としての権威の確立という晴れ姿を見せ、共に喜ぶためであったと思う。伊勢氏の妻が招待された理由は、義政の乳母としての功績によると考えるのが妥当であろう。

伊勢貞親は応永《おうえい》二十四年（一四一七）の生まれで、伊勢貞国《さだくに》の子である。享徳《きょうとく》三年（一四五四）三十九歳の時、家を継ぎ、寛正元年（一四六〇）政所執事となった。四十五歳の時のことである。満を持《じ》しての政所執事職への登場である。将軍義政の信頼は厚く、伊勢貞親と相国寺蔭凉軒《いんりょうけん》の季瓊真蘂《きけいしんずい》の二人が義政の政治を左右したとされる。伊勢貞親は文《ぶん》正《しょう》元年（一四六六）、斯波義敏《しばよしとし》を立て、義廉《よしかど》を退けるべきことを義政に勧めている。応仁の乱の一因となった事件に、伊勢氏は明らかに関与していた。また義視を排斥するため讒《ざん》言《げん》をしたが叶わず、同年近江に逃げている。ところが応仁元年（一四六七）には呼び戻され、もとのように幕政に加わった。右のように事実確認をしていくと、貞親はかなりの謀《ぼう》

26　蜷川親元（国立公文書館所蔵）

略《りやく》家のように見えるが、子貞宗《さだむね》に残した家訓には、真剣に将軍家に仕えている様子が滲《にじ》み出ており、「我家は殊天下の鏡共なるへけれは」として、器用に政務をこなす能力が必要であるが、廉直《れんちょく》でなければならないと説いている（『伊勢貞親家訓』）。

伊勢貞親の妻は伊勢氏の代官筋に当たる「政所代」を務める蜷川《にながわ》氏の娘である。蜷川氏からは、この女性と、後に伊勢貞国の妻になる女性とが、伊勢氏と婚姻関係を結んでいる（前掲拙稿「中世の家と教育」参照）。伊勢貞親の妻は、自分自身の知行《ちぎょう》地を所持していた。寛正六年の『親元《ちかもと》日記』によれば「御母御知行越前国高柳地頭方」とあるので、伊勢貞親の妻は越前に所領を持っていたことがわかる。この所領はおそらくは御料所《ごりようしょ》であって、伊勢氏に預けられていたものであろう。それが、領家《りようけ》方代官の違乱《いらん》を受けたため、検断《けんだん》、段銭《たんせん》に関する奉書は、伊勢家の奉行衆として貞雄・親元が発行している。とすればこの「御母」分所領も伊勢家で一括して管掌《かんしよう》するものであったことがわかる（前掲論文）。

この貞親の妻は文明《ぶんめい》四年（一四七二）七月に亡くなった。『大乗院寺社雑事記《だいじょういんじしゃぞうじき》』を記した尋尊《じんそん》は、その日記の中でこの人のことを「天下大乱根元一方女房也」と記している。天下大乱（応仁文明の乱）の原因は伊勢貞親にあることを明記したものであり。妻が原因であったとは受け取れない。なぜなら、かなり以前から、尋尊は伊勢氏を良くは思っておらず、「予と不和」と同じ日記に記していたからである。

伊勢貞親夫妻が義政夫妻の厚遇《こうぐう》を受けたのも、義政の乳母夫婦であったという点に基づくことはもちろんであろう。また貞親の子貞宗の妻は義政の長男義尚《よしひさ》誕生後殿中に参向《さんこう》し、年末には夫や舅《しゅうと》と共に美物を禁裏《きんり》に進上している姿を史料に留めている。これらのことは伊勢氏や蜷川氏の家においては、夫のみが単身で将軍家や伊勢氏に奉公していたのではなく、夫婦を単位とする「家」ぐるみで奉公するという形が自然に形成されていたことを示している。

足利義政時代に政治の中枢に参画し大きな力を発揮した伊勢氏であったが、戦国期の後半になると、足利義輝《よしてる》代に三好氏と合戦に及び、貞孝《さだたか》・貞良《さだよし》父子が討ち死にするという不運に見舞われ、没落の危機に瀕している。こうした困難な時期に、伊勢家の回生のために力を発揮したのは女性たちであった。その点については後に触れる。

今参局

足利義政の乳母・妾として著名な人物がもう一人いる。それは「今参《いままいりの》局《つぼね》」である。生年は不明であり、没年は長禄《ちょうろく》三年（一四五九）である。足利義政の誕生は永享八年（一四三六）であるので、そのころ十八から二十歳で乳母になっていたとすれば、応永二十四年（一四一七）から二十六年ごろの生まれとなろう。これは

27　大館氏略系図

家氏―宗氏―氏明―義冬―氏信┬満信―持房―教氏―尚氏┬晴光
　　　　　　　　　　　　　│　　　　　　　　　　　├高信
　　　　　　　　　　　　　│　　　　　　　　　　　├元重
　　　　　　　　　　　　　│　　　　　　　　　　　└女子（足利義晴妾）
　　　　　　　　　　　　　└満冬―女子（今参局）

あくまで推定である。

今参局の父は大館《おおだち》満冬《みつふゆ》である。大館氏の初代は新田《にった》政義《まさよし》の二男家氏《いえうじ》で、上野新田郡大館に住んで大館二郎と称したのに始まるとされる。一族は南北朝期、新田義貞の挙兵に従ったが、後、足利氏に仕え、室町期には一族の多くが番衆《ばんしゅう》の中に数えられている。伊勢氏ほどではないが、将軍に近侍《きんじ》する位置に出世した官僚的武士である。

今参局が確実な史料に登場するのは宝徳《ほうとく》三年（一四五一）のことである。この年、尾張《おわり》国の守護代の人事をめぐって問題が発生した。二年前の宝徳元年（一四四九）に十四歳で将軍職に就いた義政はこの年まだ十六歳の青年に過ぎず、確かな政治上の判断は成しえなかったきらいはあるが、この問題でも、先年突鼻《とつび》されていた織田郷広《あきひろ》を召《め》し出して、守護斯波氏の当主千代徳の被官織田敏広を退ける。その理由は今参局が郷広を「執り申」したからである。これに対して義政の生母日野重子の意見は「守護代の人事は守護千代徳の意志に任せるべきである、この件で千代徳が面目を失うのはよくない、斯波氏は将軍家にとって大事な一族であり、千代徳の憤りを無視できない」というものであった。日野重子は応永十一年（一四一二）の生まれであるから、義政を生んだのは二十六歳の時のことで、この年四十一歳である。また夫足利義教の死後は「大方殿《おおかたどの》」として重きをなし、尊敬されていた人であった。重子の意見は封建社会の上下関係の基準であり、妥当な意見であった（拙著『女人政治の中世』参照）。

この尾張守護代の人事を巡る一件では、足利義政は母重子の意見を退け、織田郷広を再任した。明らかに今参局の意見を採用したことがわかる。さらに、後日、今参局の意見を容れて、管領の内々の沙汰として、織田甲斐入道に切腹を命じている。織田甲斐入道は守護斯波氏の家臣の中でも隠然たる力を持ち、若い当主千代徳に圧力をかけ、織田敏広を推挙していた。斯波氏の家中の甲斐入道、織田氏、朝倉氏の三家の内者《うちのもの》としての権力闘争が、今参局派と重子派の対立として表面化した事件であったといえる。

この事件は正論を展開した重子が隠退を表明することで、次の展開を見せた。「大方殿」重子は、突然北小路の邸を出て、嵯峨野辺に出向した、との知らせが義政に届けられた。義政が烏丸《からすま》資任《すけとお》、日野勝光などを使いに立てて子細《しさい》を尋ねると、腰痛祈願のための参籠《さんろう》との返事であった。表向きは参籠だが、事実は今参局などの口入《くにゅう》に我慢の限度が切れたためである。「公方御成敗《せいばい》の事は、近日上臈御局（今参局のこと）並びに大御乳母、此の両人毎事一向《いっこう》申沙汰せらる」（『康富記《やすとみき》』）ため、重子から「御口入の儀」があったが、義政が承知せず、管領畠山持国も「御口入無用」という態度を取ったので、重子が隠居《いんきょ》を志した、とされる（前掲拙著『女人政治の中世』参照）。管領はさまざまな口入自体を無用と述べたのであろう。しかし義政は重子の正論より先に、今参局の意見を採用し、それを自身の政策として打ち出している。こうした事態に嫌気がさしての重子の引退表明であったと思う。

重子と今参局の対立

重子の引退のそぶりは、幕府関係者にはあってはならないことであった。ほんとうのところは、義政の政治に全幅《ぜんぷく》の信頼が置けないからであっただろう。「大方殿」として、義政の政治をチェックしてほしい、後見《こうけん》してほしいとの期待もあったと思われる。そのため管領と相伴衆《しょうばんしゅう》、宿老《しゅくろう》の談合がもたれ、それを承けて義政から「今参局は洛中に住むべからず、尾張守護代の補任権は斯波千代徳に返付する」という決定がなされた。そのため今参局は室町邸を離れ、大方殿は室町邸に帰ってきた。この結果について『康富記』の著者中原康富は「天下惣別安全歓喜なり」と喜んでいる。

世間一般は康富と同様に「天下のため公方のため」今参局が口入するのはよくないと思ったのである。守護代の更迭《こうてつ》に将軍が介入し、しかも今参局の意見だけを用いて行なった人事は、重子、管領、宿老たちの良識ある判断によって正常に復した。この事件を、三浦周行《よしゆき》氏は「義政の初世の、年に似合はぬ政策は」「局の全人格の反映」である、つまり義政の政策を後押ししたのは今参局であったと見られた（「足利義政の政治と女性」『日本史の研究』第二輯上所収、岩波書店、一九三〇年初版）。私見では今参局が守護権の抑圧まで見通して織田郷広を推挙したのか、義政に確固たる守護権抑制の意志があったかは、疑問であると思う。なぜなら伊勢貞親もこの時は甲斐入道と同じく織田敏広を支持しているからである。義政は単に母親や管領の諫止《かんし》が耳に入らず、政所伊勢氏の協力も得られず、また常識にも欠けた点があったため、こうした混乱を生じたのであろう。

今参局の没落

八年後に起こった長禄三年（一四五九）の事件は、今参局に決定的な影響を及ぼす。この年、正室日野富子の初めての懐妊《かいにん》があり、出産が待たれる状態であった。富子が義政と婚姻を遂げたのは康正《こうしょう》元年（一四五五）であり、先の尾張守護代の事件から四年後のことである。義政は婚姻時二十一歳、富子は十六歳であった。四年後のこの年に富子が懐妊し、今参局はこの間に旧《もと》に復して女房づとめを続けていたようである。しかし、富子の待ち望まれた出産は、死産で終わった。女子は「腹中」で死んでいたと記されるから、死産であったと考えられる。そしてこのような結果になったのは、今参局が呪詛《じゅそ》（「調伏《ちょうぶく》」とも）したからだと噂された。義政はこの度は今参局に弁明《べんめい》の機会も与えず、島流しに処している。場所は近江の沖ノ島である。『経覚私要抄』に「江州隠岐《おき》嶋に流さるの由その聞え有り」とあるからである（拙稿『女人政治の中世』参照）。

今参局は配所《はいしょ》で自殺したとも、配所に着くまでに甲良荘《こうらのしょう》の寺で自殺した（「大館持房行状」）とも伝えられる。先に局は応永二十四年（一四一七）から二十六年ごろに生まれたのではないかと推定したが、これを一応妥当だとすれば、四十一歳から四十三歳で亡くなったのではないかと推定される。この点にもあまり有力な根拠はないのだが。働き盛りに命を絶つ、という壮絶《そうぜつ》な生き方をした女性、乳母、であったといえる。

今参局の評価

今参局の一生を振り返ると、乳母役割は二の次で、義政の側近く仕えるきっかけにはなったが、義政成長後は乳母役割は忘れられ、政治に参画した女房としての姿ばかりが前面に浮かび上がる。東福寺《とうふくじ》の僧太極《たいぎょく》が書き残した『碧山日録《へきざんにちろく》』が今参局について「大相公の辟妾《へきしょう》某氏、曾て室家の柄を司り、その気勢焔々近づくべからず、その所為、殆ど大臣の執事の如し」と述べている部分は、今参局の歴史上の役割を的確に示していると考える。つまり、「曾て室家の柄を司り」の部分を重視すれば、正室富子が決定するまでは、義政の側室として、正室並の権限を発揮した、と理解できる。正室を迎える以前に乳母兼側室として足利家の中で正室並の大きな発言力を義政に対して持ちつづけたので、尾張守護代問題では、管領以下がこれを掣肘《せいちゅう》するために結束した、ということであろう。義政が大臣だとすると、今参局はその執事の如き権力を振るっており、まわりからそれを制約することができないほどであったと見ることができる。まさに将軍に対する執権のような状態であった。

その後、正室富子が決まったが、局の義政への発言力は依然として強かったので、富子の出産に対する最も大きな妨害勢力と世間では見なしたのであろう。『碧山日録』は今参局は「妬忌《とき》する所多く、竟《つい》に陰事をなす、しこうしてその室家之夫人に殃《わざわい》し、その事遂に発《あら》わる」と記す。そのため怒った義政は山名持清《もちきよ》に命じて「隠岐島」に追放するのだが、その処置につき「彼若《も》し家室の権を司り、累年積歳あらば、その禍天下に及ぶべき也、しこうして今此貶《このへん》あり、天の罰する所也」とする。富子の正室としての権限を侵した今参局をついに追放したことを、「天の罰する所」として正当だと見ていることがわかる。

同様の記載は『経覚私要抄』にも見える。興福寺別当《べっとう》で大乗院門跡の経覚が記した『経覚私要抄』によれば「この五、六ヵ年、天下万事、併に此身上に在るの由謳歌の間、権勢を振い傍若無人也」とある。幕府の一角を支えていると自負《じふ》している当時の公家や僧侶からみれば、幕府の役人の家に出自《しゅつじ》を持つ、正室でもない今参局が大きな政治的権力を発揮し続けることに我慢のならない思いがあったのであろう。しかし、同じ僧侶でも、『大乗院寺社雑事記』を記した門跡尋尊《じんそん》は、「当室町殿を守り立て申すは此局なり」と評している（長禄三年正月十六日条）。その記載から見れば、今参局の政治介入は、純粋に義政の立場を守り、できることならば強化しておきたいという点にあったのではなかろうか。この点を重視されたのが、三浦周行氏の義政青年期の積極策に果たした今参局の役割の評価であると思う。また大乗院尋尊が義政の側にいる伊勢貞親を敵視していることは先に述べた。しかしこの管領や守護大名制圧策は、単に守護代の人事権を将軍が握ったとしても、できうることではなく、大変革を覚悟しつつ抜本的な改革を伴って初めて可能であろう。管領や守護大名からの反発は必至でもあろう。したがって義政が深く守護権の制限を意図していたという点については、私見では否定的な感がある。伊勢氏の義政青年期の「政所政治」の実態についても、検討の余地があり、それが守護大名権力とどのような綱引きを演じていたのか、その二者への義政の関与がどのようなものであったのかを、検討する必要があると思う。

今参局について『碧山日録』は「又妬忌するところ多く、竟《つい》に陰事をなす」とも記している。今参局に確かに嫉妬心はあっただろう。しかし義政は局を愛したようで、死後初七日を初めとして仏事を営み、死後四年経った寛正四年（一四六三）六月、義政は等持寺で半斎《はんさい》諷経《ふぎょう》焼香の後、「御今上郎」追善料所として所領を寄進しているのである。

今参局は義政の乳母として、義政の成長後も側に寄り添い、側室ともなり、義政のためだけに純粋な形で協力者となろうとしたのであろう。したがって正室決定までは、正室と同様の大きな権限を足利家の中では持ったと考えられる。しかし義政が管領・守護大名抑圧策をしっかりと施策として認識していたか、という点は疑問で、それを許さない管領、宿老たちが日野重子を先頭に立てて今参局派を追い落とした、というのが実情であったと見られる。

女子教訓書にみる乳母の役割

『めのとのそうし』

平安期の女房には、「上」すなわち朝廷の女房《にょうぼう》と「家」の女房があったとする吉川真司氏の研究は、中世においても基本的に朝廷と公《く》家《げ》社会では同じである。しかし、武家政権としての鎌倉幕府成立以後、鎌倉幕府にも多くの女房が置かれ、幕府の性格が武士・公家・寺社《じしゃ》の上に立つ姿に変わった室町幕府においては、足利義政《よしまさ》代の上臈《じょうろう》・中臈女房の構成に見られるように、幕府女房は武士、公家、寺社から出されるに至った。そのため、室町時代以後の女子の教訓書は、公武の間で広く読まれるものとなる。女房を将来の女子の姿として描く場合、幼少からどのように女子を教育するべきだと述べているのか、その中で乳母はどのように位置づけられるのか、ここではその点を問題にしてみよう。

室町初期の成立と推定される書物の中に『めのとのそうし』がある。某家の乳母が、自分の育てた姫にさしあげるために書いた書という意味で、『めのとのそうし』と名付けられたらしい。なぜなら、乳母は養君《やしないぎみ》の教育を担当してきたからである。養君がこのような女性に育ってほしいとの願望が、本書には漲《みなぎ》っており、そのために何に心掛けるべきか、が具体的に記されている。文中に「女房」の語が散見するところから考えて、養君である姫の将来像は、婚姻を遂げて「北の方」となり、その家を取り仕切るか、女房づとめの中で立派に役割を果たすか、いずれの道も視野に入れられて語られていると思う。

『めのとのそうし』の内容

『めのとのそうし』で強調されている点をあげてみよう。

冒頭で昔から女の「心づかひ」「身もち」などのことを書いた書は、中国にも日本にもあったのだが、中頃は女の心ばせも立ち居振る舞いも品位が落ち、「高松の女院《にょいん》」や「紫式部《むらさきしきぶ》」は深く嘆いて、「上の人は下をあはれみ、下たるものは上に仕へ」、家をおさめ、「身をたてはべる」べきことを、こまごまと書き留められた、とある。高松の女院とは、姝子《しゅし》内親王のことである。鳥羽《とば》天皇と美福門院《びふくもんいん》藤原得子《とくこ》の間に生まれた姫であり、二条天皇の中宮になっており、八条院の姉妹にあたる。この人がどのように女性を評していたのか、資料は残っていないが、紫式部の著作は『紫式部日記』の女房批評の部分であろう。

これらの女房批評に比べて（といっても『紫式部日記』としか比較できないのだが）、本書ははるかに広く深い教訓書となっている。第一部は総論として、心構えについて論じられている。最も大事なことは「おとこ女によらず」、「心もち」であるとし、その中で特に女は上下によらず「のどやかにらうらうしく」あるべきだとする。すなわち、思っていることも直接に口に出すのではなく、「かんにん」して発言すべきで、悲しいことも嬉しいことも深く心にしまって、けじめを見せて披露し、おおらかにしているのがよいというのである。次に容貌に及び、額、目、鼻、口、顔、襟《えり》の化粧の仕方の善し悪しを論じている。第三の部分は人を召し使う場合の心得を述べ、第四の部分では、嫉妬《しっと》心は「女房」の第一の大事であり「家をうしなひ身をはたす」こともあると、『源氏物語』の紫上を例にあげて強調している。

第五の部分は衣装に関して述べる部分である。「男のいしやう見ぐるしきは、上下によらず女のはぢなり、いかにもいしやうを御たしなみ候べし、むかしより女ばうは男をしつしおもふものなり」と述べる。この部分は女性全般に対する教えであり、この部分に登場する女房は「妻」の意である。したがって、女性というものは夫や息子の衣装に責任を持つ存在であること、妻とは夫を大事に思うものであるから、夫の衣装には細心の注意を払って見苦しい衣装は着けさせず、家の内もきれいに整えておくべきだとしている。

こうした女性全般に対する教訓を堂々と展開している点から考えて、著者は乳母として女性教育に大きな責任を感じている様子が見えてくる。

第六の部分は硯《すずり》の扱い方、双六《すごろく》遊び、客人との対し方、筆跡の細部に及ぶ教えである。第七は娘を育てる際の注意、仏事の心得、あまり交渉のない人との対面で気をつけるべきことについて述べる。第八は養君が身分の低い人と婚姻することになった場合、幸い女《にょう》御《ご》・后の位に上った場合の諸注意が、こと細かに述べられている。

第九の部分には上東門院藤原彰子《しょうし》（道長嫡女）が紫式部や和泉式部を召し使っていた例をあげ、ついで琵琶《びわ》・琴などの趣味に及び、湯殿《ゆどの》、庭の植木、拝領の衣、扇、料紙《りょうし》、巻絹、帯、香の扱いにまで及ぶ。

第十の部分は再び心構え・態度の領域に帰っており、女房が他の人に対して答える場合には三通りの答え方がある、とする。ついで宮仕えの注意として「男ならずをんなりとも、おしうのためにはいのちをもすてんとおぼしめされ候へ、おつとにもおしうにも二心だになければ、みやうが（冥加《みようが》・人知れず受ける神の加護《かご》）ありて、ひとさらにをろかにおもはず」と記す。この部分から見ても、妻になる道と女房づとめをする道とが、相反する道ではなく、どちらでも選択可能な女性の生き方であると考えられていたことがわかる。しかしどちらかといえば、妻になる道の方が上位に置かれていたようである。それは「もし世中おもふやうならで御みやづかひ候はば」の文章でこの節が始まっていることからわかる。妻になっても、女房づとめをしても、夫、主人に二心なく、夫、主人を大事に思って仕えよ、と教えており、これは、作者もいうように、封建制下の男女に共通する不変的な主従観念であった。

続いて自分よりも下の階層の人、上の階層の人との付き合い方、慈悲・情けの重要性、義理を尊重すべきことを述べている。

第十一の部分は直垂《ひたたれ》の仕立て方を知っておくべきことを述べたあと、衣装を断ち縫うことは「いやしきわざにてあらず」という。この部分を詳しく見ると、仕立て物には三種類の「てきき」があるとする。第一は早く美しく縫う人、第二は仕立てはさほど美しくないが早い者で、これは「はやければ時のようにたち候」と、急ぎの用に役立つとする。第三は遅いが美しい者がよいとする。そして住吉《すみよし》神社の御託宣《ごたくせん》にも「手のききたる女はくわほうさいはひあるべし」とある、としている。ふるっているのはその次であり、「ことにさぶらひは、馬の鞍《くら》をくひまに、かみしも一具ぬはぬ女はあらじと也」とする部分である。作者は公家階級の女性であったのであろう、武士階級の女性の実態にあまり通じてはいないようであるが、武士階級の妻一般の姿がこの書の中に登場する点でも興味深い。つまり武士階級の妻や娘は衣類制作にみなよく通じており、男性が馬に鞍《くら》を掛けて合戦に行く準備をする間に、裃《かみしも》一具を縫い上げるほどの技術を持っている、といっている。多少の誇張はあるにしても、武士階級の女性一般にとって、衣装制作は妻や娘の役割であり、しかもそれは普遍的に受け入れられている考えであり、また武士の女性たちは早く美しく衣類を縫い上げる技量をあまねく備えていたことがわかる。

最後に、帯の着け方、紙の使い方、文の書き様、掃除の仕方など、これまでに言い忘れた雑多なことが書き記されている。

女性としての心構え

『めのとのそうし』を便宜的に十二節に分けて内容を紹介し、特徴的な論点をあげてみた。全体を読み返すと、実に細部にわたってこと細かに女性として心得るべきことが記されていることに驚きを覚える、主には公家の姫を想定して心得を述べたものであると思われるが、作者は武士階級の女性についても固定観念はなく、その優れた点をきちんと評価する姿勢を持っている。衣装（具体的には袴）制作の早さこそが物の用に立つ、と論じている点である。そして公家の女性にとっても、衣装を断ち縫う技術は必要であり、「いやしい」業ではないと述べている点には、公家の乳母としての堅実な姿勢が表れていると思う。

この作者は公家の娘が将来妻となる道を第一義と考えながらも、「宮仕え」すなわち女房となって生きる道も大事な選択であると考え、両方の道に適用できる教訓をあらゆる側面から述べたのであった。こうした周到な姿勢には、作者の乳母としての教育者的側面が溢れんばかりに表出されている。乳母は室町期には、主従倫理面、情操面、しつけの面などあらゆる分野を兼ねた女子教育の優れた教師であったといえる。

広範囲かつ細部にわたる具体的な心構えの列挙《れっきょ》である点から考えて、この書の作者は女性で、女房づとめ特に乳母を経験した教養豊かな人であったと考えられる。そしてその教訓は、婚姻して妻になる女性の心構えとして、また女房づとめをする女性の心構えとしても具体的でわかりやすく、的《まと》を射たものであったと考える。

『身のかたみ』との比較

室町期の同様の女子教訓書に『身のかたみ』がある。本書中に「ちか比《ごろ》武衛のくわんれいの御とき」とあることから、斯波《しば》義将《よしまさ》の在世が応永十七年（一四一〇）までであるので、そのすこし後の成立ではないかと考えられている。この書でも女子に対する心構えや容貌、宮仕え上の諸注意などが五十項目にわたって述べられている。『めのとのそうし』に似た表現も多い。特に最初の部分は項目の置き方でもその叙述内容でも、『めのとのそうし』に酷似している。しかし『身のかたみ』には、『めのとのそうし』に見られるような持論の展開がない。ごく一般的な記述に終始している。おそらくは『めのとのそうし』をもとに、五十項目に整理したものが『身のかたみ』なのではなかろうか。『めのとのそうし』の作者は、自身の考えに基づき、自身の教養に基づいて、独自の論を思いつくままに展開しており、その点で読者に訴える教育的効果は大きいものがあると思う。これを項目を付けてわかりやすく一般向きに構成しなおしたものが『身のかたみ』であったと考える。

戦国期の乳母

毛利家の乳母

戦国の世の到来と元就

畿内《きない》の政治情勢が混迷から脱し、次の混迷の時代へと突入したのは、明応《めいおう》二年（一四九三）の政変以後である。この年、細川政元《ほそかわまさもと》はクーデターをおこし、仇敵畠山義就《はたけやまよしなり》の子・基家《もといえ》と結び、畠山政長《まさなが》を暗殺、足利義材《よしき》（義稙《よしたね》）を廃して、足利義澄《よしずみ》を擁立した。応仁《おうにん》の乱《らん》時の勢力配置は御破算《ごはさん》となり、将軍の権威は急落し、細川政元の専制権力が確立、武士と上層農民がおこした国一揆《くにいっき》も終息へと向かう。一見、細川氏の専制権力による安定した時代の到来に見えたが、中世村落の連合による惣荘《そうしょう》、惣村《そうそん》は健在であり、地方では戦国大名の領国形成が力強くなされはじめる、という、全国的な政治の混迷と社会上の新動向が混在する時代——戦国時代——を迎える。

動乱や合戦が日常化した時代に、乳母の姿はどのようなものとなったのであろうか、本章では、戦国期の乳母について検討する。

戦国大名として有名な毛利元就《もうりもとなり》は、毛利家の次男として生まれたので、当初家督《かとく》を継げる位置からは遠かった。しかし、大永《たいえい》三年（一五二三）、兄の興元《おきもと》が二十四歳の若さで死去し、跡を継いで当主となった興元の子幸松丸《こうまつまる》も九歳で夭折《ようせつ》したため、家督を継ぐという幸運に恵まれる。ただし元就の家督継承はすんなりとは決まらなかった。異母弟相生元綱《あいおうもとつな》を推す家臣たちも多かったからである。重臣の渡辺氏や坂氏は尼子《あまご》氏の老臣亀井秀綱《かめいひでつな》と結び、元綱を擁立《ようりつ》しようとしたからである。元就は相生元綱を粛清《しゅくせい》し、元綱に味方する家臣を追放して、当主の座を獲得している。元就二十七歳の時のことである（『大日本古文書』「毛利家文書」一三九号）。

当主の座を獲得するまでには、多くの試練があった。幸松丸が早世した際、大内方からも尼子方からも、毛利家に対して子息や一族を毛利家の後継者として送りこもうとする動きがあった。当時安芸《あき》の国人《こくじん》たちは尼子方に傾いていた。そうした情勢の中で、毛利氏の家臣のうち粟屋元秀《あわやもとひで》、井上元貞《いのうえもとさだ》に対し、大内氏は志道広良《しじひろよし》を仲介者にして働きかけ、毛利元就の家督継承を実現し、大内方の陣営として取り込んだのである（『萩藩閥閲録《はぎはんばつえつろく》』巻七十四など)。

元就の養育者

元就が生まれたのは明応六年(一四九七)であり、元亀《げんき》二年(一五七一)七十五歳で亡くなっている。明応九年、四歳の時、家督を興元に譲って隠居《いんきょ》した父母とともに、郡山城を離れ、多治比《たじひ》の猿掛城《さるかけじょう》に移る。翌年五歳の時、母(弘元夫人福原氏)と死別し、十歳で父弘元にも死別した。十一歳の時、兄興元は大内氏に従って京に上り四年間在京したので、「ミなし子」になった、と回想している。この薄幸の元就の世話をしたのが弘元の側室「大かた殿」であった。この人に「取つき申候て」三年を過ごしたと元就は述べている。側室「大かた殿」はまだ若かったが、元就養育のために逗留《とうりゅう》し、ついに両夫にまみえなかった。元就は「貞女を遂げられ候」と表現している(「毛利家文書」四二〇号)。母の死後、幼児から少年時代の元就を養育し、成人させたのは、父である弘元の側室であったことがわかる。

養育の責任は大方殿が負ったとはいえ、実質上の経済的負担や日常の世話をこなし、そして何よりも家臣として仕えたのは、重臣の井上氏である。井上氏一族は多治比に多くの所領を持ち、多治比城内にいた元就に援助をし、面倒もみていたと思われる。その城に父弘元の側室もいたのである。

28　毛利元就（豊栄神社所蔵）

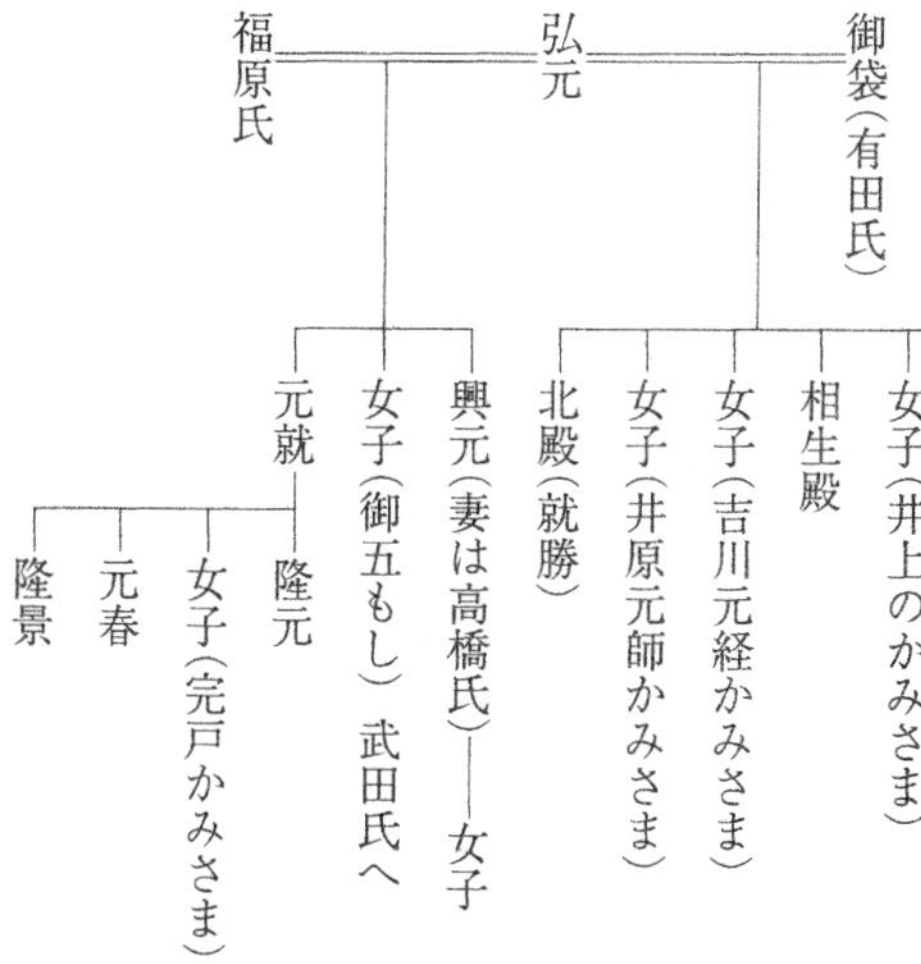

29　毛利弘元の妻とその子供たち

弘元側室大方殿とは、どういう人なのであろうか。毛利氏の系図によれば弘元には二人の妻が記されており、福原氏の娘が興元や元就の生母である。もう一人の有田氏の娘が「大方殿」であると思われる。

系図によれば、有田氏出身のこの女性と弘元の間には二男四女があり、娘は井上、吉川、井原という毛利家の重臣や安芸の国人衆と婚姻《こんいん》を遂げていることがわかる。井上氏の所領の多い多治比の猿掛城に後家《ごけ》になってから居続けられたのは、大方殿の娘が井上氏と婚姻していたからであると考える。あるいは、毛利家の重臣としての井上衆を引きつけておく必要上、この婚姻はなされたのかもしれない。

毛利氏の発展

興元の妻は高橋氏の娘である。興元時代の高橋氏当主は元光《もとみつ》で、永正《えいしょう》九年（一五一二）には安芸国衆九名によって五ヵ条の契約が結ばれており、それに署名しているのは天野興次《おきつぐ》、同元貞《もとさだ》、毛利興元、平賀弘保《ひらがひろやす》、小早川弘平《こばやかわひろひら》、阿曽《あそ》沼弘秀《ぬまひろひで》、高橋元光、野間興勝《のまおきかつ》、吉川元経《きつかわもとつね》の九名である。高橋氏は芸石《げいせき》国人連合の中心であったとされる（『広島県史　中世』広島県、一九八四年）。ところがこの元光が永正十二年三月に討死してしまう。毛利興元も翌年死没している。その後高橋氏の遺跡を継いだ弘厚《ひろあつ》・興光《おきみつ》父子が大内を背き尼子に味方したため、毛利・大内・和智連合軍に敗れ、高橋氏は滅亡し、その旧領は大内氏によって毛利元就に与えられるのである。与えられた所領は、上下荘（吉茂上荘《よししげかみのしょう》・下荘《しものしょう》）、阿須那《あすな》、船木、佐々部、山県《やまがた》である（「毛利家文書」二五六号、二五七号）。阿須那には石見《いわみ》国内の高橋氏の本城があり、他の所領と合わせて高橋氏は石見・安芸に一円的領域を形成していたとされる。その上、領内には流通路と砂鉄の生産地があったから、大内・尼子だけではなく、芸・石国人衆の垂涎《すいぜん》の領地であった。それを毛利元就が獲得した意義は大きい。大内義隆《よしたか》から高橋氏の旧領を与えられたのは享禄《きょうろく》三年（一五三〇）のことである。高橋氏は前年（一五二九）に滅亡した。大永三年（一五二三）に家督を継いだ元就にとって、高橋氏旧領を大内氏の承認のもとに獲得したことは、大名領国形成にあたっての大事な画期となったと考えられる。兄嫁の実家に繋がる甥《おい》は亡くなり、家臣たちを粛清するという犠牲を払った元就への交代劇であったが、兄嫁の実家は元就に、大きな遺産を残してくれたことになる。

井上衆と元就

元就幼少期・少年期の養育は継母が責任をもって行なったことを見た。この時代の元就に大きな影響を与えたのは家臣の井上氏である。元就の住む多治比に多くの所領をもっていたのは、井上氏であったことは先に述べた。したがって井上氏の屋敷もここにあり、元就もそこに呼ばれることもあった。元就の回想によると

「十一の年、まだ土居に住んでいたころ、井上光兼《みつかね》の屋敷に一人の旅の僧が来て、人々を集め、念仏《ねんぶつ》を説いたことがあった、その際、母上（養母大方殿）が聴聞に出掛けられたので、私も連れて行かれ、朝日を拝して念仏を十ぺんずつ唱える信仰を授けられた」という。元就が「土居」と呼んでいるように、猿掛城はこの時代、それほど立派な城郭ではなかった。それに対して井上氏の居所は「屋敷」と呼ばれている。毛利氏と井上氏の実力は、主従の関係と逆であったと見られる。

毛利本宗家は安芸吉田荘に百七十六町九段余りの所領を持ち、郡山城を本城としていた。これに対して井上氏は吉田荘から多治比川を遡った上流の山間にある多治比に多くの所領を所持していた。所領をもっていたばかりか、そこから毛利氏に上納《じょうのう》する租税を滞納《たいのう》していたのである。興元時代の永正九年（一五一二）、興元が領内の租税滞納状況を調べたところ、滞納者は三十八名であり、そのうち井上一族は十四名もいて、滞納額は全体の四一％であった。滞納のおおよそ半分ちかくは井上一族の行為であったことがわかる。

このころのことを、元就は回想して次のように述べている。「父弘元は生前わたしに多治比の地をお譲りくだされたが、それも譜代の権臣井上元盛に押領されてしまった。」

猿掛城に養母と住んでいた時代、周りの多治比の地は、殆ど井上氏の所領の如き姿を呈していたことがわかる。

そのため、元就が大永三年（一五二三）に家督を継承した時、井上氏は親しみのある元就の擁立に積極的に乗り出した。老臣十五名が元就を支持したがその中に井上一族は五名を数える。元就は回想で井上氏を「権臣《けんしん》」と呼んでいるが、井上氏が元就の少年時代、青年時代を支えるもう一本の柱であったことは否《いな》めないと思う。

猿掛城に居た間に、元就は吉川氏から妻（法名妙玖《みょうきゅう》）を迎え、大永三年に家督継承に成功した年には長男隆元《たかもと》をもうけている。ついで毛利氏当主として力を発揮しはじめた享禄三年（一五三〇）次男元春《もとはる》が生まれ、高橋氏旧領地を獲得した。三男隆景《たかかげ》が生まれたのは天文二年（一五三三）である。したがって、元就正室妙玖は婚姻後十年以上は存命であったことがわかる。

傅衆の登場

長男隆元の養育に当たったのは、乳母ではなく、家臣の国司《くにし》氏と児玉《こだま》氏であったと考えられる。慶長《けいちょう》十七年（一六一二）の「毛利秀就自筆起《き》請《しょう》文《もん》」では早くから隆元の養育に係わったのは国司氏と児玉氏であったことが見え、その二家は「もり衆」であると述べられていることがわかる。毛利家の嫡子《ちゃくし》養育の事実は戦国期から残っており、それを家臣二家が担当したという事態を認識した上で、近世初期に養育担当の家臣を「もり衆」と理解した、ということであろう。

毛利氏の場合、嫡子の養育に新機軸を用いはじめたのであり、それが傅衆《もり》であると思う。元就は毛利家を継承するやいなや、大内、尼子両氏や周辺国人領主との外交的交渉を積極的に展開した。その結果、先述のように兄興元の妻の実家高橋氏の旧領を獲得するという成果を上げていた（享禄三年）。翌年には尼子氏と盟約《めいやく》を結ぶ。また家臣団に対しては享禄五年七月、連署起請文を書かせ、元就の下知《げち》に従うという内容を盛り込ませている。起請文に署名したのは福原広俊《ふくはらひろとし》、志道広良、桂元澄《かつらもとずみ》、坂広昌《さかひろまさ》、井上元吉《もとよし》、粟屋元秀、国司《くにし》有相《ありはる》、北就勝《きたなりかつ》など三十二名である（「毛利家文書」三九六号）。毛利庶家や重臣を広く糾合《きゅうごう》していることがわかる。彼らは井手溝《いでみぞ》の修理や被官の負債・逃亡に関して契約し、違反者が出た場合、互いに知らせ、処罰については「御下知」を受ける、すなわち元就が行なう、としている点が特徴である。元就に領域裁判権を認めているのである。こうした種々の動向から考えて、毛利氏の戦国大名化の画期は、享禄四（一五三一）、五年のころにあったと考える（拙稿「毛利元就の領国統治における女性の役割」『日本中世の社会と女性』所収、吉川弘文館、一九九八年）。従来画期とされている、天文十九年（一五五〇）の井上氏誅伐《ちゅうばつ》事件より、約十八年前のことである。

家臣団を毛利氏の傘の内に組織し始めた元就は、家臣団の新たな役割として、嫡子隆元の養育を担当する傅衆を置いたのではなかろうか。

　毛利隆元の誕生は元就が家督を相続した大永三年（一五二三）、次男元春の誕生は、元就が高橋氏の旧領を獲得した享禄三年（一五三〇）である。こうして後継者を得て外交努力に励み、家臣団を掌握・組織しはじめた元就は、天文二年（一五三三）に三男隆景が生まれ、すくすくと育つのを見て、天文十二年（一五四三）ごろから「養子継承策」ともいうべき独特の国衆対策を展開する（前掲拙稿参照）。この「養子継承策」はのち、十年余を経ると。「毛利両川体制」として、隆元ついで輝元を力強く支えるのである。

　毛利領国における元就の権力確立段階を右のように見てくると、傅の選定は隆元誕生後の早い段階から、家臣団組織の編成に則してなされていたのではないかと考えられる。女性の乳母をまず選定するのではなく、男性家臣の役割の一つとして、次代の当主の養育が、正式な役職として設定されていたと思う。

毛利氏の乳母と傅

　隆元以後の毛利氏の乳母については、丹正喜和美氏の研究がある。

　それによると、隆元の授乳をした「おち」は宇多田基師《うただもとかず》の母であり、「乳人次男」にあたる宇多田基師は、天文《てんもん》十九年、井上氏が誅伐された後の闕所《けつしよ》地九段小を給与されている。輝元乳母は有福元貞《ありふくもとさだ》の妻で元久の母である「有福おち」であり、この人の実家は厳島《いつくしま》神社の舞楽《ぶがく》役者木村十信《じゅうしん》であったこと、母は五老内侍《ないし》であったとする。またこの「有福おち」の娘で、敷名《しきな》太郎兵衛の妻になった「敷名」も輝元の次男就隆《なりたか》の乳母として養育を担当したとする。毛利家の嫡子秀就《ひでなり》の「おち」は井上就正《なりまさ》の娘で、福島元《もと》親《ちか》の妻である。もう一人秀就には「御乳人《おちのひと》」がいたが、秀就の傅であった張元至《ちょうげんし》との不《ふ》義密通《ぎみっつう》の疑いで処罰されたため系譜《けいふ》などは不明であった、と述べている（「十六世紀における毛利氏の『おち』のあり方」『京都橘女子大学大学院研究論集　文学研究科』創刊号、二〇〇三年三月）。

毛利氏はこのように、代々の当主の後継者には乳母を付けている。また隆元の時代から「傅」役も決められていた。乳母には二種類あり、まず授乳のための乳母が設定され（丹正氏はこれを「おち」として区別している）、その人が引き続き養育する場合もあれば、その乳母は一般の女房に配置替えされて仕える場合もあった。その他に、毛利氏の場合、隆元の段階から、国司氏、児玉氏が、一般政務と共に、とくに「傅」として教育と後見を家職として行ない始めたことが特徴である。国司氏、児玉氏と代々の乳母の家との間に婚姻関係が見られると丹正氏が指摘する部分があるのは、毛利氏の当主の考えとして、傅と乳母の協力と権限移行が想定されていたと推測される。授乳の乳母、ついで養育に必要な乳母の役割は時間が経てば役割は減少する。それにつれて傅役の仕事が増大し、次世代の当主教育に当たり、養君成人の暁には傅役は後見役割に移行し、一般家臣と変わらない勤務に帰る。こうした乳母と傅役の協力・連携・権限委譲のサイクルが、毛利領内では元就の子息隆元養育の時代からできはじめ、近世初期の秀就時代には完成の度を増していた、といえるのではなかろうか。

織田信長の乳母

養徳院

織田信長《おだのぶなが》の乳母は池田恒利《つねとし》の妻（養徳院《ようとく》）である。養徳院は池田政秀《まさひで》の娘であり、夫恒利は婿《むこ》養子である。養徳院と恒利の間の子恒興《つねおき》は、乳母子《うばこ》ということになる。一方、伊勢氏について述べた部分には、伊勢貞良《さだよし》の娘が池田庄九郎に嫁《か》した、という記載のあったことを述べた。そこで『寛政重修諸家譜《かんせいちょうしゅうしょかふ》』の池田氏を調べてみると、恒興の孫「由之《よしゆき》」について「母は伊勢兵庫頭某が女」とあることに気づく。とすれば「由之」の父「之助」の妻が伊勢氏の娘であったことになる。ちなみに之助は「勝《しょう》九郎《くろう》」と名乗ったともある（図30）。

織田信長は天文三年（一五三四）生まれで、池田恒興は天文五年（一五三六）生まれであるから、養徳院は授乳のための乳母というより、幼児期の信長を育てた乳母であったと考えられる。

乳母になってから、養徳院は信長を一心に育てたのであろう。ところが不幸なことに、池田恒利は恒興誕生の二年後に亡くなってしまう。恒興と母親は、以後、よりいっそう織田家の乳母、乳兄弟として、家臣《かしん》団の中で生きる道を探ったと考える。

『信長公記』では池田恒興は「信長公の乳弟池田勝三郎」として現れる。池田恒興は、信長が永禄《えいろく》三年（一五六〇）桶狭間《おけはざま》の合戦で今川《いまがわ》氏を敗ったころ、「池田勝三郎衆」といわれる家臣団をもち、農民上層を被官《ひかん》として抱える、信長家臣団の一角をなしていた（『信長公記』巻首）。また永禄六年（一五六三）の「織田信長判物」によれば、恒興に対する扶助分のうち、自身の知行《ちぎょう》分、家来の者が買徳《ばいとく》した土地はたとえ誰が闕所処分をしたといい、判物を提出したといっても、他の例と混同せず安堵する、と信長は保証している

30　池田氏・伊勢氏関係図

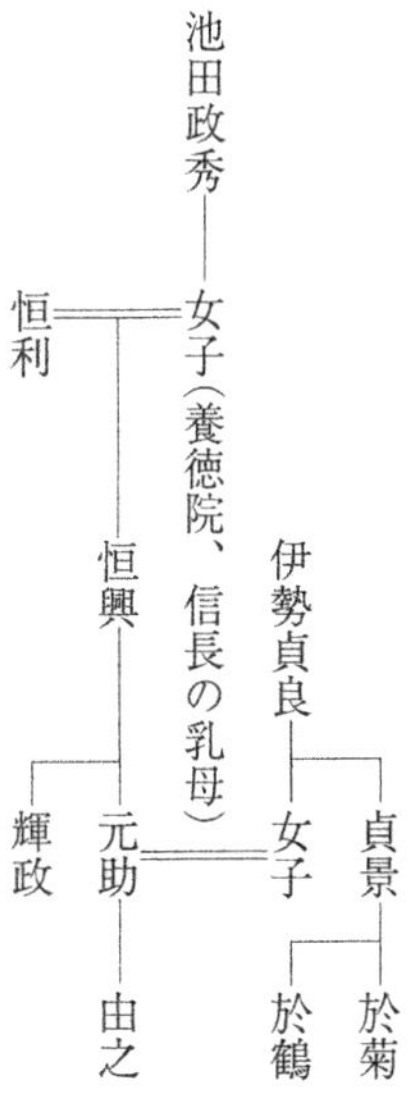

（『織田信長文書の研究』四二号）。この文書によっても、池田恒興が尾張《おわり》に所領をもち、家家臣団を擁していて、家臣たちも買徳地を所持するような武士ないし上層農民であったことがわかる。

乳兄弟池田恒興

この文書からまた、池田氏は尾張で織田氏の家臣として順調に成長しつつあるさまが窺える。永禄六年といえば、織田信長は三十歳、池田恒興は二十八歳である。おそらく恒興の父恒利の時に尾張国に移り住み、織田家との主従関係を形成し、近江の池田氏の娘を妻として、池田家の婿となり、池田を名乗り、養徳院は乳母になり、恒興を生んだあと、父恒利の死去という不運に見舞われたが、恒興は乳母子として信長の信頼を勝ち取ったと推測される。

池田恒興の諱《いみな》は信長の父信秀《のぶひで》が与えたものであるとされるが、恒興の戦場での活躍は、信長が天文十五年（一五四六）十三歳で元服して以後のことである。信長の弟信行《のぶゆき》を討ち、永禄三年（一五六〇）の桶狭間合戦の勝利に貢献した。天正八年（一五八〇）の荒木一族誅滅《ちゅうめつ》事件においても、花熊《はなぐま》（隈）・兵庫・尼崎《あまがさき》等の城を攻めて高名《こうみょう》をあげたという。そのため、信長から感状《かんじょう》を得ており、それには「池田紀伊守父子三人は信長の眼力にかなってその手柄は比類がない、このたび花熊（隈）の城を攻め取ったことは池田の力に因《よ》る、池田勝九郎《(マヽ)》は若年より敵に会って一歩も引かず、度々の高名はまことに池水の流れを汲むものである、身は一代、名は末代《まつだい》である、よろしく池田をもって明鏡とすべし」とあったとする(『寛政重修諸家譜』)。父子三人とは、恒興とその長子元助《もとすけ》、次子で元助の死後嫡子となった輝政《てるまさ》の三人を指すと思われる。池田恒興はこの戦功によって摂津《せっつ》国の内所々を拝領する。信長死後の山崎合戦《やまざきのかっせん》では斎藤利三《さいとうとしみつ》の兵を追い崩したという。後、恒興は信長の嫡孫三法師を補佐《ほさ》する四人宿老《しゅくろう》の一人に数えられる。その四人とは、羽柴秀吉《はしばひでよし》、柴田勝《しばたかつ》家《いえ》、丹羽《にわ》長秀《ながひで》それに恒興である。

信長の死のことを知った恒興は剃髪《ていはつ》して「勝入《しょうにゅう》」と号し、秀吉と力を合わせて明智《あけち》を追罰《ついばつ》する行動に出たのは、信長の乳母子として当然の行動といえる。秀吉とはその後も親密な関係を保ち、豊臣秀次《ひでつぐ》を勝入の婿にし、二男輝政を秀吉の養子にする契約を結んだという。秀吉の招きに応じた勝入は美濃国を領し、大垣《おおがき》城に入る。しかし、天正《てんしょう》十二年(一五八四)三月、秀吉対家康・織田信雄《のぶお》が尾張で対戦した際、恒興(入道名勝入)と長子元助は長久手《ながくて》で討死してしまうのである。その時恒興は四十九歳であった。

恒興の一生は、織田家の家臣として、特に信長の乳兄弟として「名は末代」に残るような献身的な活躍に終始したといえる。信長が家臣の「鏡《かがみ》」だと褒《ほ》めた、言葉通りの一生

31　池田氏略系図

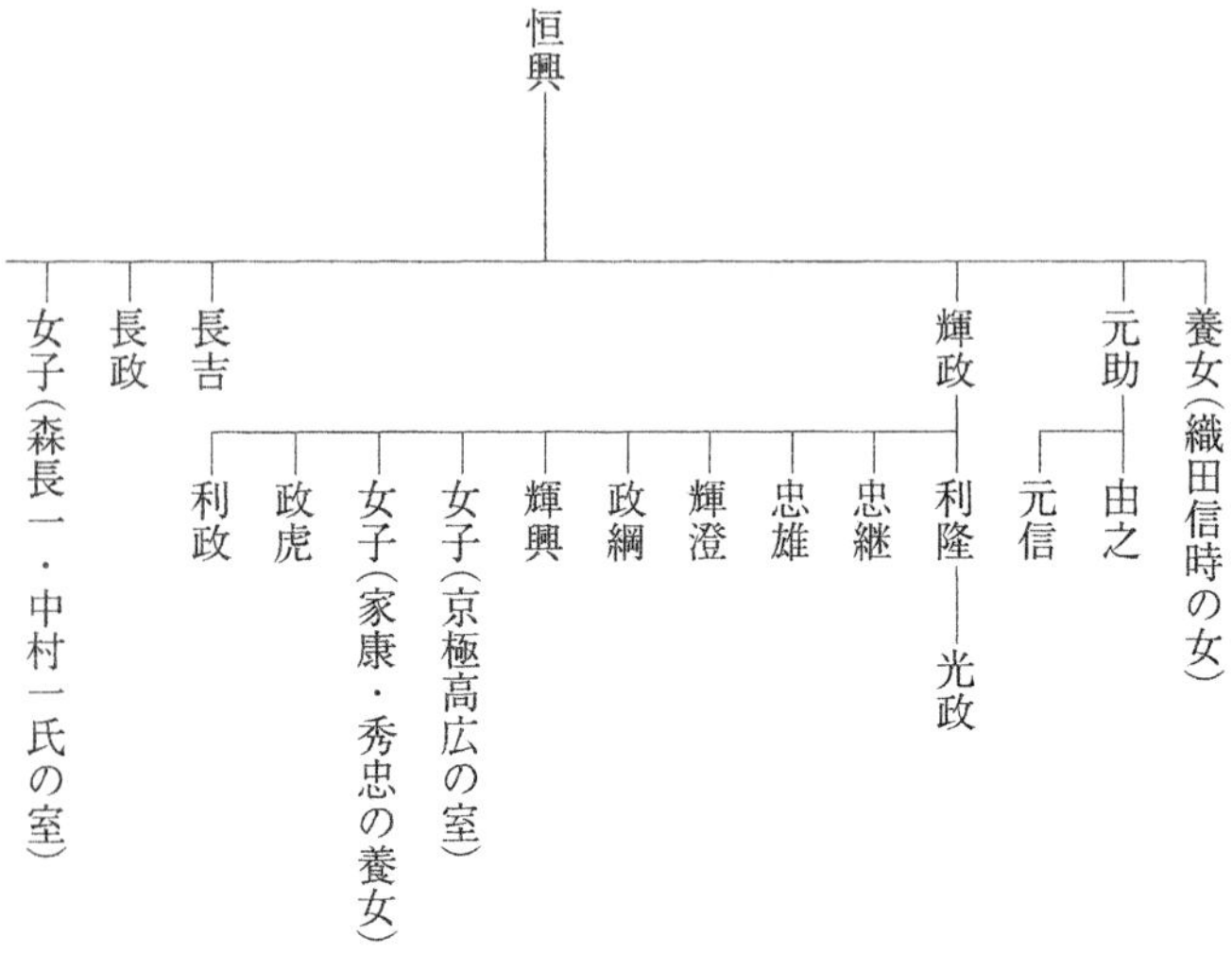

であった。これだけ濃密な主君への奉仕が戦国の世に存在したのは、母親が信長の乳母を務め、池田家全体が織田家の家臣として生きざるをえない状況にあったからであると考える。

池田氏の発展

恒興の妻は荒尾美作守《みまさか》善次《よしつぐ》の娘である。この女性は元助、輝政、長吉《ながよし》、長政《ながまさ》の四人の男子を生み、恒興側室は四人の女子を生んでいる。その他に養女が一人あった。

恒興の跡を継いだ輝政は、永禄七年（一五六四）尾張清洲《きよす》の生まれであり、父と兄の死後引き続き秀吉の家臣として仕え、豊臣《とよとみ》姓を拝領し、三河《みかわ》国吉田城十五万二千石の領主となった。正室は中川清秀の娘である。しかし

├女子（豊臣秀次の室）
├女子（山崎家盛の室）
└女子（浅野幸長の室）

その妻が亡くなったため、文禄《ぶんろく》三年（一五九四）には秀吉の命により、家康の息女督姫《よしひめ》を後妻にしている。関ヶ原《せきがはら》合戦では、家康方の後陣を務め、戦後播磨《はりま》国を給り、姫路城に入った。輝政の二男忠継《ただつぐ》には備前《びぜん》国、三男忠雄《ただかつ》には淡路《あわじ》国を拝領し、池田家繁栄の基礎固めをしたが、慶長《けいちょう》十八年（一六一三）五十歳で亡くなっている。

輝政の後妻は徳川家康の娘督姫で、彼女は永禄八年（一五六五）の生まれであるから、輝政の一歳年下である。文禄三年の婚姻後に起こった関ヶ原合戦で、輝政が徳川方に付いたのは、婚姻を命じた秀吉はすでになく、妻の父家康への協力が家の繁栄に繋がると判断したためであろう。輝政が姫路城に移ってからは督姫は「播磨御前」と呼ばれた。夫の死後は尼となり、元和《げんな》元年（一六一五）、夫の死後三年目に五十一歳で亡くなっている。督姫が亡くなった後、元和二年に家康の孫娘千姫《せんひめ》が本多忠刻《ただとき》と再婚し、翌年播磨は忠刻の祖父忠勝《ただかつ》に、加増《かぞう》されて十五万石として与えられた。そのため、姫路城は本多氏の城となり、池田氏は鳥取ついで岡山へと移るのである。

池田氏の女性たち

輝政の兄弟姉妹については、まず養女の織田信時の娘が注目される。この人は母親が池田恒興に再婚した時に池田家の養女となり、のちに飯尾茂助敏成《いいおもすけとしなり》に嫁し、敏成が戦死した後は本願寺《ほんがんじ》の家司下間頼龍《けいししもつまよりたつ》に再婚している。この人の母が恒興に再婚したのは「信長の命により」とあることから、恒興は、荒尾《あらお》氏の娘を正妻とする以外に、信長の命で織田信時の妻を娶《めと》っていたことになる。信長は乳母子としての心安さから、一族の後室を恒興に押しつけたのではないかと思う。この人自身も、飯尾氏、ついで下間氏と、血縁関係のない他氏に嫁いでいる。いわゆる「政略結婚」の一典型のように思われる。

輝政の兄・元助は、前述したように輝政と同じく荒尾善次の娘の子である。この人の妻は伊勢氏の娘である。元助には二人の男子があったが、いずれも池田家の家臣となっている。

長吉、長政の二人の男子も母親は荒尾氏である。長吉は別家《べつけ》を立て、長政も秀吉から一万石を拝領するが、後に家臣となっている。女子たちの母親は「某氏《ぼう》」とされており、不明である。それぞれの婚姻先は、図31に示した。中でも、豊臣秀次に嫁した女子、浅野幸長《あさのゆきなが》に嫁した女子のいることが注目される。長政の妻は加藤嘉明《かとうよしあき》の娘である。このように信長、秀吉時代の武将と広く婚姻関係が取り結べたのは、恒興、元助、輝政らの功績によるといえる。

池田輝政の正室は中川清秀の娘であることを述べた。この人は天正十二年（一五八四）嫡子利隆《としたか》を岐阜で生んでいる。利隆の妻は徳川秀忠《ひでただ》の養女格の、榊原康政《さかきばらやすまさ》の娘で、慶長十年（一六〇五）に輿入《こしい》れしたという。輝政の後室督姫は忠継、忠雄、輝澄《てるずみ》、政綱《まさつな》、輝興《てるおき》の五人の男子を生んだ。それぞれ松平《まつだいら》の姓をもらって別家を興《おこ》したり、姓をもらわずとも別家を興したりしている。輝政の別の側室たちは女子二人、男子二人を生んでおり、そのうちの女子は京極高広《きょうごくたかひろ》の室になった者と、家康・秀忠の養女となって松平忠宗に嫁した者とを出している。このように、徳川家康、秀忠父子に対しても、池田家は二重の婚姻関係を築いていたことがわかった。督姫の輝政への輿入れは文禄三年、秀忠養女の利隆への輿入れは慶長十年である。文禄には秀吉の命で婚姻を執り行なったにしても、慶長十年の婚姻は、池田家がはっきりと徳川家に加担する姿勢を示したものと、世間は受け取ったであろう。

池田恒興、輝政父子は、恒興の母の乳母としての立場によって出世のきっかけを摑み、それぞれの武将としての精進《しょうじん》によって、信長、秀吉家臣団で重い位置を担うまでに成長した。秀吉の死後は、徳川家との婚姻関係を梃子《てこ》に、徳川家臣団の一角へと方向転換を成し遂げた。それが成功した蔭には、徳川氏との二代にわたる婚姻関係が力を発揮したと思う。

中世最後の乳母春日局

徳川三代将軍家光《いえみつ》の乳母《うば》は春日局《かすがのつぼね》である。彼女は徳川家の乳母であるから、近世の乳母の範疇《はんちゅう》にも入るが、乳母に選定され、乳母として勤務した時期は戦国末、織豊《しょくほう》政権期から始まっているので、中世の乳母の最後の姿として検討してみたい。

春日局の出自

春日局の本名は「福《ふく》」である。父は斎藤利三《さいとうとしみつ》、母は稲葉通明《いなばみちあき》の娘である。天正《てんしょう》七年（一五七九）、丹波《たんば》国黒井《くろい》城下で生まれたと推測される。

父斎藤利三は、三好長慶《ながよし》の家臣松山新助《まつやましんすけ》、斎藤義龍《よしたつ》、稲葉一鉄《いってつ》、織田信長《おだのぶなが》、そして明智《あけち》光秀《みつひで》の家臣《かしん》となったとされる（『寛政重修諸家譜《かんせいちょうしゅうしょかふ》』）。明智光秀は血縁上は利三と大変近く、

32　春日局（麟祥院所蔵）

光秀は利三の叔父にあたるという。福誕生のころ、父利三は明智の「股肱《ここう》随一」の五人の臣下のうちの一人、という重要な位置にあり、丹波黒井城を預かる身であった。

一方母は稲葉通明の娘である。通明は稲葉一鉄の兄に当たる。一鉄は信長・秀吉《ひでよし》に仕え、のち関ケ原《せきがはら》合戦時には西《せい》軍から東《とう》軍に鞍《くら》替えし、その功績によって豊後《ぶんご》で五万石《ごく》を与えられた武将である。福の叔父一鉄が徳川方に加担したことは、福に対する徳川家の信頼をより固めるのに効果があった、と思われる。

なお、春日局の墓のある東京湯島麟祥院《りんしょういん》の立て札に、春日局の母は「越智道明《おちみちあき》の娘」とあるのは、養父稲葉重通が河野氏支流の越智氏の流れであるためであると思われる。

斎藤利三の母は、蜷川親順《になかわちかのぶ》の娘である。また父利三（利光は別人で、春日局の兄弟宗利《むねとし》の初めの名である）の姉妹は蜷川親長《ちかなが》の妻となっており、父は蜷川親世《ちかよ》の二男を養子としてもいた（『寛政重修諸家譜』八〇〇）。代々室町幕府の政所代《まんどころだい》としての家柄を守ってきた蜷川氏と斎藤氏は濃い婚姻養子関係を形成していたことが、福にとっても、不遇時代に何らかの支えになっていたのではないかと思う。福と幕府関係者や公家《くげ》との関係では、蜷川氏との血縁関係だけが見出せるのである。

天正十年（一五八二）福四歳の時、本能寺《ほんのうじ》の変が起こり、明智光秀は主君信長を弑逆《しいぎゃく》す

33　春日局（福）略系図

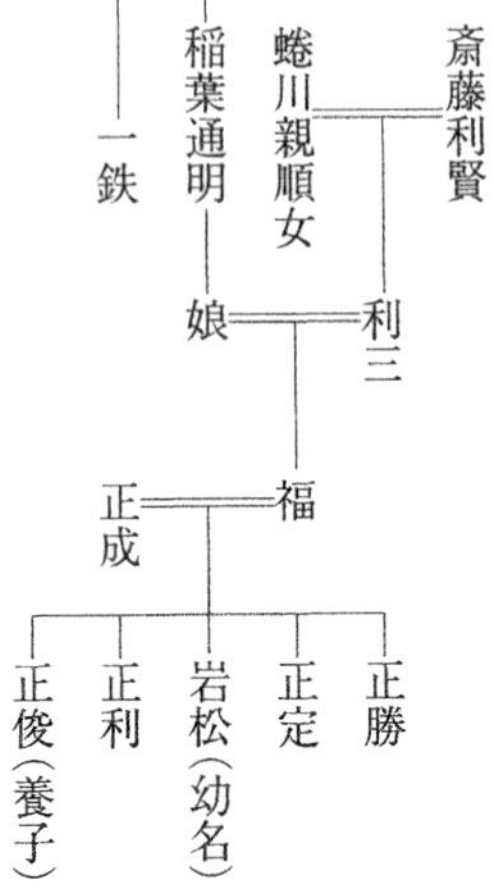

る。しかし光秀軍は織田家臣団の反撃に会い、光秀は山科小栗栖《やましなおぐるす》で最期《さいご》を遂げ、斎藤利三は池田氏などに攻められ、京都で自殺したとも、磔《はりつけ》にされたとも伝えられる。

城主の娘から父のない反逆者の娘へと、世間の見方は大きく転換した。母、兄と福とは、母方稲葉氏や父の親友たちの助けを借りて、厳しい時代を切り抜けることになる（拙稿「春日局に見る乳母役割の変質」『女性歴史文化研究所紀要』一〇号、二〇〇一年）。

福は母方の一族稲葉重通の養女となり、同じく養子であった正成《まさなり》と婚姻し、正勝《まさかつ》、正定《まささだ》、岩松《いわまつ》、正利《まさとし》を生んだとされる。福の両親の出自《しゅつじ》や福の夫の出自、福の実子について諸説あるが、確定できた部分についての私見に基づき、図33に系図を掲げる。

福の夫正成は美濃《みの》国本巣《もとす》郡十七条の領主林政秀《はやしまさひで》の子である。稲葉氏と林氏の境界争いの回避のため、正成は稲葉氏の養子になったといわれる。正成は十四歳のころから秀吉に仕え、文禄役《えき》のころには小早川秀秋《こばやかわひであき》の家老《かろう》となり、五万石を与えられ、関ヶ原合戦時に秀秋に裏切りを勧め、家康から後に感状《かんじょう》を貰ったという。後、秀秋の元を離れ、美濃に帰り、谷口に閑居したという。正成三十一歳の時のことである。正成の最初の妻は稲葉重通の娘であったが、亡くなったので、同じく稲葉重通の養女であった福と再婚した。しかし福とは離婚し、その後山内氏の娘と再々婚したという（『寛政重修諸家譜』六〇八）。

福と正成との間に生まれた長男正勝は、慶長二年（一五九七）の生まれである。そして正勝は京で誕生したとされるので、福は備前・備後方面にいた夫とは別居していたことになる。四人目の福の実子正利の生まれるまで、福は夫と別居ながら夫婦ではあったが、その後離婚し、再び母と同居した、という（『翁草《おきなぐさ》』による）。離婚によって福の一家（母、福、そして子供たち）の生活は苦しくなった。「貧益甚《ますますはなはだし》」きありさまであったという。

家光の乳母と傅役

こうした状態にあった福とその家族にとって、徳川家の乳母になることは、願ってもない生活の手段を得る方法であった。なぜなら、戦国時代、乳母は女性の仕事の第一位であると考えられていたからである。狂言の中で最も古い台本であるといわれる『天正狂言本』の中に「京金《きょうきん》」という狂言がある。その中に、年取った女性が職業を探している場面があり、最も良い職業として乳母になろう、ということになり、それにふさわしい局名として「京金」という名に辿り着く、という粗筋になっている。これを見ても、教養のある女性が働く職業として第一に目指されたのが乳母であったといえる。

福は徳川家光の乳母に抜擢《ばってき》される。慶長九年（一六〇四）、福二十六歳の時のことである。福の長男正勝は乳母子として小姓《こしょう》になり、母子ともに江戸城に住むことになる。福は中世の伝統に基づいて、実母お江《ごう》に代わって家光に授乳し養育するために乳母になったと考える。しかし家光の養育は福だけに任されたのではなかった。この点が鎌倉期、室町期の乳母と異なる点である。まず、家光には誕生直後から数人の小姓が付けられた。水野光綱《みずのみつつな》、稲葉正勝、岡部永綱《おかべながつな》、永井直貞《ながいなおさだ》、阿部忠秋《あべただあき》、三浦正次《みうらまさつぐ》の名が検出できる。小姓たちと競い合いながら将軍になる準備をしなければならないという環境が準備されたのである。誕生後三年目の慶長《けいちょう》十二年（一六〇七）傅《もり》が付けられた。傅役に就いたのは青山忠俊《あおやまただとし》、酒井忠世《さかいただよ》、土井利勝《どいとしかつ》の三人である。彼らは秀忠の側近から出発して幕府の年寄《としより》、老中《ろうじゅう》の重職を務めるなど、徳川政権の中枢《ちゅうすう》で大きな能力を発揮した優れた人々である。

三歳から家光は優秀な傅役に監督される学習の日々を送ることになった。回りにはまた数人の小姓たちが競い合うように学びつつ成長していた。こうした環境は、次世代の将軍を教育する上では理想的なものであるといえよう。しかし家光自身の立場に立ってみると、この環境は息つく暇もない過酷な環境であることもわかる。少年時代まで母代わりに育てた福は、こうした家光の「憩《いこ》える場」として必要な存在であったと考える（前掲拙稿「春日局に見る乳母役割の変質」）。

『徳川実紀《じつき》』中の家光時代の記録「大猷院殿御実記《だいゆういんでんおじっき》」には家光の「不予《ふよ》」「咳気《がいけ》」の記事が多い。成人後もしばしば見られる。家光はあまり丈夫な体をもっていなかったようである。また成長した後も、家光が福の屋敷を訪れることが多かった。時には福の病気見舞いのために、時には理由が記されないが何らかの目的のために、福の元を訪れている。これらは家光が乳母福を、成長してからも必要としたことを示している。少年時代の家光の養育を乳母として担当した福は、傅役に教育を任せたが、しつけや、母親の愛情をもって家光を憩わせ支える役割をつとめ、家光成人後もその役割は存続していた、と考える。

乳母時代の福の存在を際立たせたのは、次のエピソードである。

元和《げんな》元年（一六一五）、福は駿府《すんぷ》城にいた家康《いえやす》の元にでかけ、十二歳の竹千代（家光）を秀忠《ひでただ》の嫡子とするよう訴えた。その背景には、竹千代の弟国松《くにまつ》を、実母お江が殊のほか可愛がり、その気風が家臣団にも伝わって、近習衆《きんじゅう》も国松の部屋に集まり、御台所《みだいどころ》お江から夜食も潤沢《じゅんたく》に出されるという状況を生んでいたので、竹千代に仕える福にとって、気が気でない日々が続いた（『落穂集《おちぼ》』）。そこで福は特定の近習と相談し、秀忠が嫡子の決定を後回しにしている状況を見て、伊勢参りを装って駿府城の家康に直訴《じきそ》しようと思い、三人の女性の関所手形を取って駿府へ行ったという（同書）。その後駿府から江戸城に下った家康は、国松付きの女中、お江、秀忠を諫《いさ》め、「嫡を廃し庶を立ん事は、天下乱るべき基なり」とさまざまに教訓したという（『徳川実紀』『落穂集』、前掲拙稿参照）。

福が秀忠ではなく、家康の元に訴えたこの事件の背景には、いくつかの理由が考えられる。拙稿で検討したように、中でも重要な点は、家康が政治の全般に目を配り、秀忠は関東の治世に当たるという二者の役割分担の時代であったこと、家康の人材登用《とよう》の上手さと福の決断がうまく合致したこと、徳川幕府が、豊臣政権が崩壊したこの年に、長子単独相続制を法制度整備の一環として定着させようとしていたことにあると考える（前掲拙稿参照）。こうした風雲《ふううん》急を告げる元和元年に、福の思い切った行動がなされたことに、驚きを感じる。福が政治に対して確かな観察眼をもっていたのではないか、と思えるのである。

大奥と春日局

駿府城の家康に訴えてから十一年後の寛永三年（一六二六）福は新しい役目を与えられる。それは大奥《おおおく》の統率という大役《たいやく》である。本来将軍の生活の場での管轄《かんかつ》権は、中世の室町将軍家や戦国大名の家において、つまり武士階級では、将軍や大名あるいは武士の家の正室にあった。いや武士階級だけではなく、公家においても同様であった。御台所が生活の部分に責任を持っていたことは、毛利元就が「内をは母親を以而《もって》おさめ、外をは父親を以而治候と申金言、すこしもたかハす候までにて候」と述懐していることに明らかである。夫と妻は外と内でおおまかな役割分担をなしつつ、それぞれの部分で責任者・管轄者であったのである。しかし近世徳川幕府は大奥の制度を作り上げ、大奥を将軍家の私生活の場と限定し、外と内の役割分担を変形し、「公」と「私」に分割、公の部分を巨大化し、私の部分を一般には見えにくい隠された部分と位置づけたと考える。その将軍の私生活の部分が大奥である。

大奥に関する法度《はっと》は元和四年（一六一八）に大奥法度が制定される。徳川家康の死（元和二年〈一六一六〉）の後、将軍権力は秀忠の元に一元化され、秀忠が表を、大奥の総攬は正室お江が行うという了解がなされたものと思われる。しかしお江は寛永三年（一六二六）に四十五歳で亡くなってしまった。お江が亡くなったからには、元和九年（一六二三）に将軍になった家光の正妻がその役目を引き継ぐのが順序であったと思われる。家光は二十歳で将軍になっていた。しかし、家光の正室は公家の鷹司信房《たかつかさのぶふさ》の娘であり、お江の亡くなる前年（一六二五年）に婚姻を遂げたばかりであった。こうした諸事情のため、福が寛永三年大奥の総取締りに就任したと考えられる。

では大奥の管轄はなぜ将軍正室ではなく、臣下の福に任されたのかが問題となる。この点については、幕府の公家対策と関連がある（前掲拙稿参照）。家康は孫和子《まさこ》が生まれた翌年の慶長十三年（一六〇八）から入内《じゅだい》を計画し、十九年には入内の内旨《ないし》を得るなど、朝廷対策を着々と進めていた。その一方で「公家衆法度」を制定し、ついで元和元年（一六一五）には「禁中並公家諸法度」を制定施行《しこう》した。こうした公家に対する姿勢は早くから準備されたものであり、その公家の娘に大奥を任せる積極的な意味はこのころには存在しなかった、と思う。武家政権の中で、家康の時代からの出頭人《しゅっとうにん》の一人である福が抜擢されたのはこうした理由によると思う。

大名証人の統轄

福は寛永初年のこのころ、閑職《かんしょく》にいたわけではない。寛永三年、大奥の総取締りに抜擢された年、福は四十八歳であった。乳母としての役割は、家光が成人になれば少なくなり、家光の心の拠《よ》り所として時折家光を支えるに留まったのだろう。しかしそれ以外の部署で、福は必要とされていた。それは幕府に対して出された「大名証人《だいみようしようにん》」（人質）のうちの女性に関する事項を管轄するという役目である。大名の妻や子女、また重臣の子弟は、江戸の藩邸に住み、幕府に対する人質として、本国と幕府の仲立ちを勤めた。この大名証人の制度は慶長十四年（一六〇九）から寛文《かんぶん》五年（一六六五）まで続いたといわれる。大名の幕府への帰趨《きすう》はこうした証人の扱い如何《いかん》にもかかっていたから、幕府にとって特に細心の注意を必要とする難しい役割であった。そうした大役に福は就いていたのだが、それにも増して難しい役の担当が、新しい仕事としてさらに加わった。それが「大奥の総取締り」であった。

福が「大名証人」の扱いと大奥の統制という大役に就いたのは、幕府の方針が、先に述べたような公家統制の推進とともに大名統制の推進に定まり、それに向けて邁進《まいしん》していたからである。徳川家の一族の娘が、養女も含めて、婚姻する時には、「御条目《ごじょうもく》」を作り、それを持たせて婚姻させるという念のいった方法をとって、婚姻政策を展開し、縁戚を幕府の統制下に置く方策を展開する。例えば池田家には千姫の娘「督姫」が輿入れしている。この人は、先述の家康の息女督姫とは別人である。家康の孫の千姫と、姫路藩主本多《ほんだ》忠刻《ただとき》との間に生まれた女性である。この督姫が、寛永五年（一六二八）、秀忠の娘として池田光政《みつまさ》に輿入れした時、「光政の家の例にしたがって、そむくべからず」という内容の条例が付けられて婚姻が成されている。当時池田光政は鳥取藩主をしていた。婚姻後の寛永九年に光政は備前《びぜん》国・備中《びっちゅう》四郡の内で三十一万五千石を拝領し、岡山城に住み、岡山池田家の繁栄の基礎を固めるのである。

婚姻の相手先の例《ためし》（慣習）に従うように、という条目は一見その娘を相手の家に順応させる足かせに見えるが、相手の家にとっては徳川の一族の娘を妻に迎えることは名誉でもあり反面徳川に背《そむ》くことが禁じられたという足かせにもなる。そうした両者を縛る方法として、条目という成文法の威力が発揮されるうまい方策であったといえる。秀忠、家光時代は、法典の編纂《へんさん》を、法の整備というだけに止まらず活用した時代だったといえるのではなかろうか。

幕府使節として

寛永六年（一六二九）に福は乳母、大名証人の統轄、大奥総攬に加えて四度目の大役を仰せつかる。それは上洛《じょうらく》して天皇家に対する将軍家の交渉役を務めるという役目である。これ以前から行なわれていた天皇の紫衣勅許《しえちょっきょ》が、「禁中並公家諸法度」違反だとする幕府は、この年、大徳寺の沢庵宗彭《たくあんそうほう》を流罪《るざい》に処し、元和元年以来の幕府の勅許のない紫衣を無効とした。これが「紫衣事件」である。これに気分を害した後水尾《ごみずのお》天皇は、譲位の意向を明らかにした。

後水尾天皇の中宮《ちゅうぐう》は徳川家康の孫和子である。慶長十二年（一六〇七）生まれの和子は元和六年（一六二〇）十四歳で女御となり、寛永元年（一六二四）十八歳の時、中宮になっていた。和子は難しい対朝廷対策に派遣された徳川家の旗手ともいえる存在で、元和九年（一六二三）には女子（のちの明正《めいしょう》天皇）を生んでいた。「紫衣事件」で譲位するという天皇と、中宮和子、徳川幕府の間を取り持つため、福は「御乳母」として上洛する。この時、三条西家の計らいで参内《さんだい》を許され、室町将軍家の時代の例に習い、「春日局」の名を名乗るようにと中宮から仰《おお》せがあった。局名を貰ったからには天皇にも拝謁《はいえつ》し、天盃《てんぱい》を賜った、という（「大猷院殿御実記」）。

福の、莫大な贈り物を持参しての天皇家への挨拶も、天皇の意志を翻《ひるがえ》らせることはできず、後水尾天皇は譲位を敢行《かんこう》し、次の天皇には和子の娘が立ち、明正天皇の誕生となる。役目は十分に果たせたとはいえないまでも、徳川家の血筋の天皇が即位したことで、幕府の朝廷に対する優位性の確立は揺るぎないものとなったのである。

その後も福は春日局として、朝廷関係の幕府側使節として上京したり、徳川の姫が御三家に嫁したり、姫君への正月の挨拶の際の使者となっている。寛永十八年（一六四一）には、家光の長男家綱《いえつな》の生誕後一ヵ月の「御披露目《おひろめ》」に際し、春日局が家綱を抱き、女房三人を従えて白書院《しろしょいん》に出ている。こうした福の役割の変遷は、家光の乳母役割が減少しても、広く将軍家全体の乳母としての高い地位を持続したと受け取れる。福としてまた春日局として、朝廷に使節となって派遣されたり、姫君の婚姻に関与し、家光の子供の代にまで、乳母としての姿を留めたことが、それを証明している。

福の役割

福は誕生のころの期待される明るい環境から一転して、謀叛《むほん》人の娘としてつらく厳しい幼少期・少女期を送った。稲葉正成と婚姻を遂げたが、離婚した福は、自らの力だけを頼りに生きねばならなかった。

福は職業として乳母を選択し、選考の過程を経て家光の乳母に就任する。その時の乳母は中世の乳母の通例に漏れない、授乳・しつけ・養育・教育を広く担当する乳母として採用されたと考える。しかし数年後、家光には傅役が付けられ、家光の教育は優秀な傅役が担当し、しかも家光は周囲の小姓たちと競い合いながら成長しなければならないという、厳しい環境がつくられる。こうして教育は傅役に就いた優秀な幕臣の担当となり、福の役割は傅役にはできない家光の「安心して憩える場」の提供に切り換えられる。

家光の乳母としての役割は減少しはじめたが、それに代わる大役が福には準備された。大名証人のうち、女性たちに関する事項の取扱い、大奥の総取締り、朝廷への幕府側使節としての起用などである。これらは福の役割が家光の乳母から、徳川家全体の乳母筆頭《ひっとう》というさらに高い地位へと上昇したことを示すように感じられる。徳川家全体の乳母になるということは、とりもなおさず、将軍となった養君《やしないぎみ》を後見する役割に徹したということである。中世の乳母が担当してきた教育の部分が乳母の手を離れるという転換期の乳母として、つまり中世最後の乳母として、春日局は彼女の大きな能力を広い局面において発揮し、近世の傅と乳母の共同作業による養君教育・養育へと橋渡しをした人だったと考える。

中世の乳母とは――エピローグ

中世の乳母《うば》について、院政期《いんせいき》を起点として考察してきた。本書の各部分で明らかにできた点をまとめ、今後の展望を整理しておこう。

院政期

中世社会に転換する直前の時期――平安期には、『源氏物語』の二人の乳母について見たように、養君《やしないぎみ》が女主人となった場合、財産としての荘《しょう》園《えん》の管理や、財宝、重要書類の管理など、家司《けいし》が行う仕事まで、乳母に任される場合があったことを見た。養君が女性である場合、また女系で財産相続がなされることも多かった時代であるため、女主人の信頼する乳母が家司の役割を兼ねることも普遍的に存在したと考えられる。乳母は女房一般の中でも、最も重い位置にあったため、時には主人の財産管理を担当することもあったのである。

院政期の天皇の乳母は共通して院権力の補強に利用されている。院は摂政《せっしょう》・関白《かんぱく》に対抗するため、院司《いんし》の力の強化につとめたが、その院司には乳母の一族が抜擢《ばってき》されている。平安末の賜姓源氏に加えて新興公家が院政期に輩出する道は、乳母としての登用がきっかけとなる場合が多かった。乳母、乳父《めのと》、傅《もり》、院の寵愛者《ちょうあい》という、律令《りつりょう》制的国家機構から外れた部分の者の力によって、院はその権力を補強し、この時代特有の乳母やその家族が院の側近《そっきん》を固めるという姿を現出した。この時代に乳母の一族が政治の世界に突出するのは、乳母が一代一代で異なるため、伝統的・制度的政治機構の枠を無視しても登用《とうよう》でき、また周りの人々も一代限りのこととして認めることができたからであると思う。

院政期には、院に急接近する新興公家《くげ》階層が現れる。そうした一族では、女性を女房《にょうぼう》から乳母に出世させていた。一般の男性は乳母と婚姻することが目標になっていた。中でも天皇の乳母は男性公家の婚姻相手として、女性にとっては職務の理想像として、あこがれの対象であったのである。

乳母、特に天皇の乳母は三位《さんみ》という高い位をもらい、大きな財を形成することも可能であった。しかし藤原兼子《かねこ》の場合に見たように、集積した財は乳母としての職務に由来するものであったから、親類、養女、それに養君に遺財を配分するという、財産の元の持ち主の階層への返却、の観念が見られたことは注目に値する。この点は今後の研究課題として追究したい。

鎌倉時代

鎌倉期の公家の乳母として、阿仏尼《あぶつに》の乳母を見たが、養君は乳母が年をとると、その面倒を見ていることが窺えた。この点は武士階級でも同じであり、頼朝《よりとも》は乳母の功績に対し、所領を安堵《あんど》したり、課役《かやく》を免除したり、乳母の子（乳兄弟《ちきょうだい》）を取り立てたり、烏帽子親《えぼしおや》になったりしており、主従関係と擬制的《ぎせいてき》親子（乳母—乳母子、烏帽子親—子）の関係が再生産されていることを見た。乳母と乳母夫は必ずしも夫婦であるとは限らず、一族の中から選ばれ、乳母はその一族を挙げて養君の家に仕えていたことも知られた。

源実朝《さねとも》の場合、乳母から傅へと養育と教育を担当する者が交代する現象が見られ、武士階級では初めて「傅」「傅母《もりぼ》」の語が登場することを見た。乳母と乳父の役割分担がなされたことがわかる。乳父の教育・後見役割は「傅」という語に次第に置きかえられていき、室町期まで続く。

頼朝の庶子や女子では、実質上の乳母ではなく、形式的に乳母に選定された乳母一族も見られ、それは政治的な配慮から、後見を期待されて乳母を選定したものであるがゆえに、政治情勢の変化に連れて、乳母役割が放棄される場合もあったことを見た。

南北朝・室町期

南北朝《なんぼくちょう》期には公家も武士も、上層階級では乳母を置くのが普通であると見なされ、乳母を置けない経済状態に転落した時のみ、母親が育てる、という習慣が存在したようである。

室町期将軍家の養育で名高い伊勢氏は、政所執事《まんどころしつじ》としては貞継《さだつぐ》代から出発しているが、乳母夫婦としての実質を持つのは貞親《さだちか》代からであり、伊勢氏、蜷川《にながわ》氏は夫婦・家ぐるみで、一族の男女が挙げて将軍家に奉仕していたことを見た。

義政《よしまさ》の乳母であり側室でもあった今参局《いままいりのつぼね》は、正室富子《とみこ》が決まる以前の義政政治に参画し、正室並の発言権をもった。正室富子が決まってからも依然として発言力は強かったので、管領、守護大名などの多くの者の反発を買い、失脚したことを跡づけた。

室町期に登場した『めのとのそうし』は、女性の教訓書として著されたもので、「北の方」になるか、女房づとめで立派に役目を果たすかが、獲得目標として据えられている。その内容は豊富で、心の持ち方から、容貌、人の使い方、衣装制作、道具や遊具の使い方にまで多岐に及び、作者の乳母としての教育者的側面が溢《あふ》れている。この書の中で、武士階級の女性は早く美しく衣類が縫える、そうした能力をもっている、と記していることから、室町期の人々は右のような武士階級の女性観を、普遍的に持っていたことが知られる。

戦国時代

戦国大名毛利《もうり》氏では、授乳のために乳母が代々付けられたが、しばらくすれば教育は傅衆《もりしゅう》が担当するという体制が、隆元《たかもと》段階から形成され、秀就《ひでなり》段階には完成度を増している。傅衆と決まった家臣は、養君成人後は後見《こうけん》の役割も果たすが、基本的には一般政務を務めるという分野に帰っている。授乳の乳母は付けるが、家臣《かしん》団《だん》組織の一角に傅衆を置いたところに、元就《もとなり》家臣団の特徴があった。

このように乳母と傅が各々独立した機関となったのが戦国期の特徴である。室町時代まで乳母と乳父ないし傅は夫婦、一族あるいはせいぜい姻族の範囲から選定されたが、戦国期には同族である必要はないと考えられ、別々の機能をもつ役目として考えられるようになった。

織田信長の乳母子にあたる池田家は、乳母という職種についたことを機に、信長《のぶなが》・秀吉《ひでよし》段階には武将として精進し、婚姻関係を梃子《てこ》に次代徳川家への奉公へと方向転換を成し遂げた。池田家にとって、乳母は出世のきっかけであり、必要条件ではあったが十分条件は武将としての能力の高さや広い婚姻養子関係、また先を読む先見性にあったと考えられる。

中世の乳母の役割

春日局《かすがのつぼね》を中世最後の乳母とした理由は、春日局採用時に、授乳だけではない総合的な乳母としての能力があると判断されて、選考を経て、家光の乳母に採用された形跡があるからである。しかし乳母以外に数人の小姓《こしょう》が置かれ、また三年目には優秀な家臣団の中から三人の傅が選定され、教育はすぐに彼らの手に渡った。そのため乳母春日局は養育・しつけと、なによりも家光に安らぎを与える安息所としての役割が重くなったと考える。家光の成長につれて、福（春日局）自身の役割は、家光の乳母から徳川家全体の乳母（乳母筆頭）へと変化する。大名証人のうち女性に関する事項を取り仕切り、大奥を管轄し、天皇家に対する幕府使節となるなど、さまざまな大役を福は務めた。

福のように有能な女性は中世においてはすべての時代を通じて乳母役割のみを果たしたのではなく、乳母から女房一般へと転身し、重い職責を担ったことが跡づけられた。

乳母が貴人《きじん》の子を育て、その貴人の家を主人と仰ぎ、乳母の子は乳兄弟姉妹として、養君に献身的に仕えるだけでなく、乳母はその夫や一族を挙げて、世代を越えて何代にも渡って主人の家と主従、御恩と養育の関係を結んできた。このことは中世において普遍的に見られた。

一方、傅役は、院政期鎌倉期には形式的な後見役の姿で登場していたが、戦国期になると戦国大名は意識的に家臣団組織の一角に傅衆を置くようになる。それをもっと積極的に次世代将軍教育の制度として取り上げたのが徳川家であった。こうして養君の教育部分は傅衆に担われ、乳母役割は減少するが、その段階になると、養君成人後においても、代わって乳母には養君の安息所としての役割が付け加わる。これは乳母本来がもっている母親に代わって養君を育て支えるという役割の、近世における復活といえるかもしれない。

あとがき

本書ははじめ『中世の乳母』という漠然としたテーマで執筆に入った。原稿完成後、『乳母の力』という書名が、吉川弘文館編集部から提案され、これはよい題だと納得した。本書の骨組は、乳母の力量が、さまざまな面で発揮され、それによって日本の中世史が支えられてきたことを明らかにしえた点にあったからである。

これまで乳母は、貴種を育てる教育者としての重い役割を持ちながら、役割そのものについて正面から検討されることはなく、乳母の権威が高まると、かえって悪評が付されるのが通例であり、乳母の歴史的役割が正当に評価されたことはほとんどなかった。

乳母を通して中世史、特に政治史を検討する、それも中世の初めから終わりまで通して考えるという試みは、はじめてのものである。女性史としても政治史としても新しい視点であると思う。筆者は北条政子、日野富子、今参局や春日局の個別研究を積み重ねてきたので、本書ではそれを乳母という観点からタテにつなぐ作業に打ち込んだ。その過程で乳母のさまざまな側面が見えてきたのは、大きな収穫であった。乳母の本質に迫り、時代的変遷の過程が見えてきたこの研究がまとめられたことによって、私自身の蓄積は豊かになり、また幅広くなった。

本書の中で苦労した点は、女性の人名のよみ方が判然としない場合が多かったことである。訓読できない人、あるいは訓読が他の史料に見られない人の名は、音読で示した。音読・訓読が混在しているのは右の理由による。お許しをいただきたい。

出版にあたっては、吉川弘文館編集部の皆さんのご好意とご助言がはげましとなった。また、京都橘大学学術刊行物出版助成制度により、出版助成を受けた。記して謝意を表したい。

二〇〇五年五月

田端泰子

主要参考文献

史料

『吾妻鏡』（新訂増補国史大系、吉川弘文館、一九八九年）
『十六夜日記』『うたたねの記』（新日本古典文学大系『中世日記紀行集』岩波書店、一九九〇年）
『翁草』（日本随筆大成、上・中・下、日本随筆大成刊行会、一九三一年）
『織田信長文書の研究』（吉川弘文館、一九六九年）
『落穂集』（新訂増補史籍集覧、臨川書店、一九六七年）
『鎌倉大草紙』（新訂増補史籍集覧、臨川書店、一九六七年）
『寛政重修諸家譜』（『新訂寛政重修諸家譜』続群書類従完成会、一九六五年）
『義経記』（日本文学研究大成『義経記・曽我物語』国書刊行会、一九九三年）
『玉葉』（高科書店、一九八八年）
『愚管抄』（日本古典文学大系、岩波書店、一九六七年）
『経覚私要抄』（内閣文庫所蔵写本）
『源平盛衰記』（改定史籍集覧、上・中・下、臨川書店、一九八二年復刻）
『讃岐典侍日記』（講談社学術文庫、一九七七年）
『信長公記』（『改訂信長公記』新人物往来社、一九六五年）

『大乗院寺社雑事記』（角川書店、一九六四年）
『太平記』（日本古典文学大系、岩波書店、一九六〇年）
『糺河原勧進猿楽日記』『異本糺河原勧進申楽記』（『群書類従』第一九輯、続群書類従完成会、一九三三年）
『たまきはる』（新日本古典文学大系『とはずがたり・たまきはる』岩波書店、一九九四年）
『親元日記』（続史料大成、臨川書店、一九六七年）
『徳川実紀』（新訂増補国史大系、吉川弘文館、一九六四年）
『萩藩閥閲録』（山口県文書館、一九六七年）
『碧山日録』（続史料大成、臨川書店、一九八二年）
『めのとのそうし』（『群書類従』第二七輯、続群書類従完成会、一九三二年）
「毛利家文書」（『大日本古文書』家わけ第八、東京大学史料編纂所、一九二二年）
「山内首藤家文書」（『大日本古文書』家わけ第一五、東京大学史料編纂所、一九四〇年）
『康富記』（増補史料大成、臨川書店、一九六五年）

研究文献

赤木志津子「讃岐典侍」（円地文子監修『人物日本の女性史』六、集英社、一九七七年）
秋池洋美「武家の『めのと』に関する覚書」（『総合女性史研究』一八、二〇〇一年）
秋山喜代子「皇子女の養育と『めのと』―鎌倉期前半期を中心に―」（『遙かなる中世』一〇、一九八九

年）
「乳父について」（『史学雑誌』九九―七、一九九〇年）
「養君にみる子どもの養育と後見」（『史学雑誌』一〇二―一、一九九三年）
一倉喜好「政所執事としての伊勢氏の抬頭について」（『日本歴史』一〇四号、一九五七年）
川畑智美「『乳母』の名称の変遷」（『大阪樟蔭女子大学日本語研究センター報告』一号、一九九二年）
後藤みち子「武家の乳母と乳母夫」（『鎌倉』八五、一九九七年）
五味文彦『院政期社会の研究』（山川出版社、一九八四年）
「聖・媒・縁」（女性史総合研究会編『日本女性生活史』第二巻中世、東京大学出版会、一九九〇年）
坂井孝一『曽我物語の史実と虚構』（吉川弘文館、二〇〇〇年）
鈴木紀子「『浜松中納言物語』の乳母たち」一（『京都橘女子大学　国文橘』一八、一九九一年）
「『浜松中納言物語』の乳母たち」二（『京都橘女子大学研究紀要』一九、一九九二年）
田端泰子『日本中世の女性』（吉川弘文館、一九八七年）
『女人政治の中世』（講談社現代新書、一九九六年）
『日本中世の社会と女性』（吉川弘文館、一九九八年）
「春日局に見る乳母役割の変質」（『女性歴史文化研究所紀要』一〇号、二〇〇二年）
『幕府を背負った尼御台―北条政子』（人文書院、二〇〇三年）
丹正喜和美「十六世紀における毛利氏の『おち』のあり方」（『京都橘女子大学大学院研究論集　文学研

究科』創刊号、二〇〇三年）
西岡虎之助『日本女性史考』（新評論社、一九五六年）
西村汎子「乳母、乳父考」（『白梅学園短期大学紀要』三一、一九九五年）
橋本義彦『平安貴族社会の研究』（吉川弘文館、一九七六年）
彦由三枝子「鎌倉時代中期の公家女子教育」（『政治経済史学』四三六、二〇〇一年）
福尾猛一郎『日本家族制度史概説』（吉川弘文館、一九七二年）
二木謙一『中世武家儀礼の研究』（吉川弘文館、一九八五年）
三浦周行『日本史の研究』（岩波書店、一九三〇年）
吉川真司「平安時代における女房の存在形態」（脇田晴子ほか編『ジェンダーの日本史』下、東京大学出版会、一九九五年）
吉海直人『平安朝の乳母達』（世界思想社、一九九五年）

著者紹介

一九四一年、兵庫県に生まれる
一九六九年、京都大学大学院文学研究科博士課程修了
現在、京都橘大学学長、文学博士

主要著書
中世村落の構造と領主制　日本中世の女性
日本中世女性史論　日本中世の社会と女性
幕府を背負った尼御台

歴史文化ライブラリー
195

乳母の力
歴史を支えた女たち

二〇〇五年（平成十七）八月一日　第一刷発行

著　者　田《た》端《ばた》泰《やす》子《こ》

発行者　林　英　男

発行所　株式会社　吉川弘文館
東京都文京区本郷七丁目二番八号
郵便番号一一三―〇〇三三
電話〇三―三八一三―九一五一〈代表〉
振替口座〇〇一〇〇―五―二四四
http://www.yoshikawa-k.co.jp/

印刷＝株式会社 平文社
製本＝ナショナル製本協同組合
装幀＝山崎　登

歴史文化ライブラリー

1996.10

刊行のことば

現今の日本および国際社会は、さまざまな面で大変動の時代を迎えておりますが、近づきつつある二十一世紀は人類史の到達点として、物質的な繁栄のみならず文化や自然・社会環境を謳歌できる平和な社会でなければなりません。しかしながら高度成長・技術革新にともなう急激な変貌は「自己本位な刹那主義」の風潮を生みだし、先人が築いてきた歴史や文化に学ぶ余裕もなく、いまだ明るい人類の将来が展望できていないようにも見えます。このような状況を踏まえ、よりよい二十一世紀社会を築くために、人類誕生から現在に至る「人類の遺産・教訓」としてのあらゆる分野の歴史と文化を「歴史文化ライブラリー」として刊行することといたしました。

小社は、安政四年（一八五七）の創業以来、一貫して歴史学を中心とした専門出版社として書籍を刊行しつづけてまいりました。その経験を生かし、学問成果にもとづいた本叢書を刊行し社会的要請に応えて行きたいと考えております。

現代は、マスメディアが発達した高度情報化社会といわれますが、私どもはあくまでも活字を主体とした出版こそ、ものの本質を考える基礎と信じ、本叢書をとおして社会に訴えてまいりたいと思います。これから生まれでる一冊一冊が、それぞれの読者を知的冒険の旅へと誘い、希望に満ちた人類の未来を構築する糧となれば幸いです。

吉川弘文館

〈オンデマンド版〉
乳母の力
歴史を支えた女たち

On Demand
歴史文化ライブラリー
195

2019年（令和元）9月1日　発行

著　者　田《た》端《ばた》泰《やす》子《こ》
発行者　吉川道郎
発行所　株式会社　吉川弘文館
〒113-0033　東京都文京区本郷7丁目2番8号
TEL　03-3813-9151〈代表〉
URL　http://www.yoshikawa-k.co.jp/

印刷・製本　大日本印刷株式会社
装　幀　清水良洋・宮崎萌美

田端泰子（1941～）

ISBN978-4-642-75595-5